ほったらかしでも月10万円！

ミニサイトをつくって儲ける法

和田亜希子 [著]
Akiko Wada

日本実業出版社

■ ミニサイトいろいろ

ミニサイトの世界へようこそ！

テーマを絞ったコンパクトサイズのコンテンツで、訪問者のニーズをがっちり満たす「ミニサイト」。"完結型"のため、ブログのように書き続けなくてはいけないプレッシャーはありません。そして主役はテーマそのもの。書き手の個性やクリエイティビティで勝負する必要もないのです。サイト内容と訪問者ニーズのマッチ度の高さゆえ、少ないページビューでも広告収入につなげやすいという強みもあります。オンリーワンサイトとして軌道に乗れば、放置状態でも副収入源として活躍してくれる頼もしいサイトに。

成功のポイントは「テーマ発掘力」と「企画力」。自身のちょっとした経験や知識をどう"ネタ"にするか、まずは、さまざまなミニサイトの事例を見ながらアイデアを膨らませてみましょう。

01 真空断熱タンブラー使用体験レポート
http://tumbler.taiken-report.net/

冷たいものはいつまでも冷たく、熱い飲み物も冷めない真空断熱タンブラー。そんな高機能なタンブラーを購入検討中の人にとって「知りたいこと」がかっちりまとめられたミニサイトです。実際に使ってみての体験レポートがベースとなっているので説得力も大。
（運営者：うか氏）

MINI SITE

02 ドクターイエロー目撃情報
http://doctoryellow.info/

ドクターイエローとは、新幹線の軌道や施設の検査をしながら走る黄色い車体の新幹線。「いつ見られるの？」「どこで見られるの？」、そう思ったことのある人も多いでしょう。そのドクターイエローを高確率で見る方法の紹介や、目撃情報 Tweet の一覧も掲載されています。
（運営者：かん吉氏）

03 初心者の為の薪の作り方
http://wood.fujilognet.jp

薪づくりの知識を持っている人が少ないだけに、薪ストーブの導入を検討している人や設置したばかりの人にとっては知りたい情報なはず。このミニサイトでは、特に「初心者」をターゲットとし、チェーンソーの選び方などを丁寧にわかりやすく解説しています。
（運営者：なんで氏）

ミニサイトいろいろ

04 赤ちゃんとお出かけ～夏の散歩～
http://odekake.akachanto.com/sanpo/

初めての子育てはわからないことだらけ。例えば陽射しも強い「夏の散歩」時、どんな点に気をつけたらいいのか、何を持っていったらいいのかなどもそのひとつ。「最適な時間帯」「日焼け止め」など、先輩ママとしての体験に基づくアドバイスをまとめています。
（運営者：ayuayu 氏）

05 Sophisticated Hotel lounge ～おすすめのラウンジやホテルが見つかる
http://hotellounge.net/

商談やデートにも使われるホテルラウンジに特化した情報サイト。運営者は出張などの機会を使って実際にラウンジを利用し、その空間やカフェメニューなどをたっぷりの写真とともに紹介しています。ラウンジ目的でのホテル訪問もしたくなる切り口が新鮮です。
（運営者：のんくら氏）

MINI SITE

06 こたつ通販体験レポート
http://kotatsu.taiken-report.net/

先に紹介した真空断熱タンブラーサイトと同じ運営者で、コンテンツの切り口やトップページの構成などに共通点も見つかるはず。こたつに特別詳しい人というわけではないけれど、買い替えに際し真剣に比較検討した経験は、他の人にとって参考になる情報源です。
（運営者：うか氏）

07 格安SIMでスマホ半額大作戦！
http://www.aki-f.net/sim/

スマホ通信費の大幅節約につながる格安SIM。興味はあっても「デメリットもあるのでは？」と二の足を踏んでいる人も多いはず。これは使い始めから最終的にMNPするまでの体験を中心にまとめたサイトで、FAQでは一般の人が不安に感じる点が丁寧に説明されています。
（運営者：a-ki氏）

ミニサイトいろいろ

08 参鶏湯をお取り寄せ
http://sangetang.jimdo.com/

ファンも多い韓国の薬膳料理「参鶏湯（サムゲタン）」。現地や韓国料理店で食べるのが一般的ですが、実はお取り寄せも可能です。参鶏湯好きな管理人がおすすめのお店や、より美味しく食べる方法を紹介するミニサイトは、「参鶏湯　お取り寄せ」検索でも上位に。
（運営者：ゆっぴ氏）

09 復興支援ボランティアにGO！
http://taiken.in/volunteer/

このサイト自体には読み物的記事はなく、他サイト記事の紹介が中心のまとめサイト的なもの。復興支援ボランティアに実際に参加した人の体験レポートをジャンルや時期ごとに紹介し、今後新たに参加する人の不安や疑問を払拭することを目的につくりました。
（09～11：著者運営サイト）

MINI SITE

10　3,500円以下で泊まる！　東京の格安ホテル
http://hotelreport.seesaa.net/

宿泊料が高騰する東京ですが、実は驚くような格安ホテルが存在しています。部屋の中はどうなっているのか、女性が泊まっても問題はないのかなど、実際の宿泊体験レポートとともにおすすめの格安ホテルを紹介するミニサイト。大阪版も別にあります。

11　格安！　東京旅行ガイド
http://www.tokyoryokou.com/jp/

『東京の格安ホテル』からの発展版として誕生したミニサイトです。宿泊だけでなく、無料あるいはお手頃価格で観光できる場所や、1日乗り放題チケット、クーポン利用などリーズナブルに東京旅行を楽しむTIPSを紹介しています。中国語版もあり、今後多言語展開予定です。

MINI SITE

ミニサイトいろいろ

共通テンプレート使いまわしでミニサイトの横展開も！

ひとつミニサイトを完成させた後は、同じテンプレートを転用して新たなミニサイトを短時間でつくることも。運営ブログに旅行記や食べ歩き記事を書いている人がいたら、エリア別に切り出して、管理人の体験をベースにしたガイド的ミニサイトをつくってみては？

12　エジプト旅行情報館
http://www.joho.st/egypt/

13　エアアジア情報館
http://taiken.in/airasia/

14　キューバ旅行情報館
http://www.joho.st/cuba/

15　シルクロード旅行情報館
http://www.joho.st/silkroad/

はじめに

●ミニサイトづくりは楽しい！

　プロブロガー、ユーチューバーなど、個人がネットでの情報発信をマネタイズ（収益化）する動きが急激な盛り上がりを見せていますが、固定ファンを大量に獲得するのは決して容易なことではありません。そんな中、個人ブランディングや大量のアクセス数はなくとも稼げるミニサイトづくりに注目が集まっています。

　ミニサイトとは、ニッチでも着実なニーズがあるテーマに絞った専門サイトのこと。ページビューは少なくても、その情報発信が誰かに役立っている満足感と達成感を得ることができます。しかも、アフィリエイト、Google AdSence、さらにはサイトを整理してKindle出版をするなどで「副収入」を得ることもできてしまうのです。

　私は2008年頃から自分が運営するサイト群を「ミニサイト」と定義づけ、自らも「ミニサイトづくり職人」と名乗って活動をしてきました。あえて「ミニ」とつけたのには意味があります。インターネット上で世界に向け情報発信する楽しさ、運営サイトを収入につなげていく面白さを、もっと多くの人に"気軽に"体験してもらいたいと思うからです。

　ブログやサイトを運営して情報発信を楽しんでいる人は年々増加しています。趣味を越えたライフワークになっている人も急増し、ブログやサイト運営で副収入、あるいは家族を養っているなんて人まで登場しています。私もここ十年ほど運営サイトからの収入で生計を立てています。

　一方、興味はありつつ未体験の人もまだかなりいます。

「何かサイトつくってみたら？　楽しいですよ」

そう投げかけると、「いえいえ、何も得意分野がありませんから……私なんかには無理です」と言われることがよくあります。本当にそうでしょうか？

　私たちは毎日の生活の中で、たくさんの経験をし、さまざまなことを考えながら生きています。「子どもと久しぶりのスキーをした」「読んだ本に刺激を受け仕事の進め方を工夫した」「家事を効率よくこなすプチアイデアを思いついた」「家庭菜園で前年以上の収穫を上げた」「南の島でダイビングやってみたいな」……。そうした自分ならではの、ちょっとした経験・知識・興味を持って調べ始めたことなどは、ネットを通じて情報発信する価値のあるコンテンツになります。

　もちろん「大人気サイトになるか」というと、そうはならないかもしれません。でも、例えば昨年の失敗を活かして甘いカブを見ごと育てたベランダ菜園の体験談は、日本のどこかで同じ環境でカブの種を蒔こうとしている人にとって、まさに知りたい情報です。地域や家庭菜園の規模が同じなら、なおさらでしょう。

　「どこかの誰かにちょっと役立つ、参考にしてもらえる情報発信ができる」

　そんなミニサイトづくりは実に楽しいものです。加えて、広告収入が入って、新しい園芸道具が買えるかもしれません。何より、誰かに「参考になりました」と感謝されるのはうれしいですよね。家庭菜園にだって、さらに気合いが入るはずです。

　本書では、そうしたミニサイトをつくって儲ける方法について、テーマの探し方、コンテンツのまとめ方、収益化の方法をわかりやすくまとめました。背伸びしすぎず、自分のちょっとした経験や知識をベースに情報発信をする「ミニサイトづくり」を、あなたも始めてみませんか？

2016年9月

和田亜希子

ほったらかしでも月10万円！
ミニサイトをつくって儲ける法
●目次●

はじめに

第1章
〈入門編〉ミニサイトの世界へようこそ

「ミニサイト」って何？ …………………………………………………… 010
「小さなサイト？」「ブログとは違うの？」 010
❶絞り込んだニッチテーマ 011
❷コンパクトサイズ 012
❸全体設計かっちり 017

なぜミニサイト？ ………………………………………………………… 022
訪問者・運営者にとってのミニサイトのメリット 022

訪問者にとってのメリット ……………………………………………… 024
❶時間節約 024
❷ピンポイント 025
❸読みやすさ 026

運営者にとってのメリット ……………………………………………… 028
❶集客できる 028
❷短時間で制作 030
❸その道のプチ達人に 031

専門知識がなくてもOK！
興味あるテーマをミニサイトに ………………………………………… 033
たくさんの「？」を大事にする 033

知りたい情報が揃ったサイト、ないなら自分でつくってみる！　034
　　"ズブの素人"だからこそニーズを踏まえたサイトづくりができる　036

ブログコンテンツを
スピンアウトさせてミニサイトに……038
　　ブログカテゴリとは違う切り口でレビュー記事を抜き出す　038
　　アクセス数が突出している一記事をベースに新ミニサイト　040
　　ブログコンテンツの"棚卸し"を兼ねてミニサイト化　041
　　重複コンテンツ（デュプリケート）問題への対応　041
　Column1　実践者インタビュー①　043

第2章
〈実践編〉ミニサイトをつくってみよう！

ミニサイトづくりの肝は
「テーマ設定」……046
　　いかに転がっているネタを拾えるか　046
　　"ネタ"は至るところに落ちている　046
　　面倒だったことは「ネタ」になる　049
　　「誰かに教えたい！」と思ったことは「ネタ」になる　051
　　何かに新たに挑戦することは「ネタ」になる　052
　　「まとまった情報がほしい」と思ったことは「ネタ」になる　053
　　比較検討したことは「ネタ」になる　054
　　見慣れないものがたくさんある場所には「ネタ」がある　054

ほどよい絞り込みが大事……056
　　オンリーワンになれるテーマを探す　056
　　絞り込んで他に良質なサイトがない「未開の地」を目指す　057
　　「このテーマならこんな内容」と具体的にイメージできる　060
　　独力で無理なくつくれる範囲で　060
　　自分以外にもニーズがある友人知人の顔が思い浮かぶ　061

「掛け算」でテーマ絞り込み ……………………062
- 要素を掛け合わせてテーマを絞り込んでみよう　062
- エリア要素を掛け合わせる　063
- シチュエーション＆目的を掛け合わせる　064
- 想定ユーザの属性(性別・年齢など)を掛け合わせる　065
- 時期・時間帯・期間などを掛け合わせる　066
- 金額を掛け合わせる　067
- 書き出すことで"組み合わせ"やすくなる　069

テーマが決まったら「企画書」をつくろう ……………………071
- 企画にあたって意識したいポイント3つ　071
- ❶ミニサイトの全体像を明確にする　072
- ❷「テーマ」の先にいる「想定ユーザ」を意識　073
- ❸最後まで「つくり切る」ためのタスク管理　074

ミニサイト企画ってどんなもの？ ……………………076
- まずは「なんちゃって企画書」をつくってみよう　076
- ①「サイト名」はシンプルでわかりやすく　077
- ②「説明文」はコアとなる要素を短めの単語で表現　080
- ③サイトづくりの初心「サイトコンセプト(バックグラウンド)」　081
- ④「想定訪問者」は3つのシーンを想定する　082
- ⑤どうやってつくるかを検討する「サイトの形式・概要」　082
- ⑥本の目次に該当する「コンテンツ」　083
- ⑦自分こそが語れる「管理人の強み」　084
- ⑧「タスク・課題」はほどよい達成感を感じられるものに　085
- ⑨サイトづくりの時間管理をする「スケジュール」　086
- ⑩季節やイベントを意識した「集客プラン」　088
- ⑪収益化の可能性をイメージする「マネタイズプラン」　089
- ⑫「その他」には思いつくことを何でも書き出す　089

コンテンツ設計
カテゴリ＆記事一覧作成 …………………………………………090
- 作成する記事のタイトル一覧を書き出す　090
- カテゴリ設定の前に「切り分け」作業　091
- 「知識＆情報ゾーン」と「管理人の体験ゾーン」　093
- カテゴリを決定する　095
- トップページの構成・配置を考える　098
- 作成予定の記事をリストアップ　105
- 記事は何本くらいが適当？　107
- 周囲にヒアリングして違う視点も取り入れる　109
- 記事のバリエーションを増やそう　111
- カテゴリ・記事一覧ができたら再度企画書を見直す　112

Column2　実践者インタビュー②　113

第3章
〈制作編〉短期間で効率よくつくるには？

短期集中でつくり込み！
ミニサイト制作 ……………………………………………………116
- まずは無理なくミニサイトを完成させること　116
- ミニサイトを何でつくるか　116

①無料ブログサービスを利用〈初級編〉
ブログの初期設定をする …………………………………………118
- 目次用の記事を最上位に固定する　118

②無料ブログサービスを利用〈上級編〉
テンプレートをカスタマイズする ………………………………126
- 最低限必要なHTMLを覚える　126

③ブログ構築ツール
「WordPress」を利用する …………………………………………134
- ミニサイトづくりに適している　134

①レンタルサーバーの月額料金　134
　　②独自ドメインの取得＆更新費用(利用する場合)　136
　　③WordPressのインストール＆初期設定　138

④その他のサイト構築ツールを利用する　143
　　まずは無料でいろいろと試してみよう　143
　　Column3　ミニサイト実践者による座談会パート①　145

第4章
〈マネタイズ編〉副収入を得よう

アフィリエイトで目指せ副収入！　150
　　ミニサイトでできるマネタイズ手法　150
　　アフィリエイトで関連商品やサービスを紹介して報酬GET　150
　　リンク先URLに埋め込まれたIDでどのサイト経由かがわかる　152
　　報酬条件はいろいろ　152
　　アフィリエイト導入企業をどう探す？　154
　　記事内での商品・サービス紹介で成果につなげる　155

手間いらずでミニサイト向き「Google AdSense」　157
　　個人でも活用できる世界最大規模の広告ネットワーク　157
　　利用は簡単！　完結型のミニサイト向き　158

アクセス数が増え検索上位になったら"純広告"にも挑戦　161
　　新しい挑戦として広告販売に取り組んでみる　161

"著者"になる！Amazonで電子書籍を出版他　167
　　「ミニサイト」と「電子書籍」の相性はバツグン　167
　　ミニサイトで初級編、応用編を電子書籍化　168
　　最新トレンド　有料コンテンツ＆サロンビジネス　172
　　長期スパンで"新たな軸"を築く　175

「なかなか収入につながらない」
と嘆く前に ……………………………………………………………… 176
 まずは良質なコンテンツづくりに注力する「コンテンツ・ファースト」 176
 限られたアクセス数では広告クリックも商品購入もされない 176
 ミニサイトを立ち上げた後は"熟成期間" 179
 アフィリエイト一切なしでサイトを構築してみる 180

Column4　ミニサイト実践者による座談会パート② 182

第5章
〈発展編〉ミニサイトづくり職人を目指して

ミニサイトを複数つくる ……………………………………………… 188
 複数のミニサイトを保有するメリット 188
 ①つくるほどスピードアップ 188
 ②成功法則を転用・応用できる 189
 ③ポートフォリオ化してリスク管理 190

アクセス解析
「Googleアナリティクス」 ………………………………………… 191
 サイト運営の次の一手を探るための戦略ツール 191
 ①検索キーワード 192
 ②ランディングページ 193
 ③曜日や時間帯でのピーク、年間アクセス推移のトレンド 193

パソコンでつくってスマホで確認 …………………………………… 195
 主なターゲットはスマホユーザ 195
 パソコン版の見え方よりもスマホ版の見え方を重視 196

Column5　ミニサイトづくり実況中継 197

カバーデザイン／植竹 裕（UeDESIGN）
本文DTP／一企画

第 1 章

〈入門編〉
ミニサイトの世界へようこそ

「ミニサイト」って何？

「小さなサイト？」「ブログとは違うの？」

　「ミニサイト」と聞いて、想像するものは人によってさまざまでしょう。実際のところ、「これがミニサイトだ」という定義はありません。ページ数が少なく、こじんまりとしたサイトを想像する人もいるでしょうし、ニッチなテーマのサイトをミニサイトと呼ぶ場合もあるでしょう。その定義にこだわる必要も縛られる必要もありませんが、まったく認識が違うままでは本書の「ミニサイトづくり講座」自体が成立しません。そこで、ここではまず「ニッチ」「コンパクト」「全体設計」という3つのキーワードで、ミニサイトの特徴を理解していきましょう。

ミニサイトの特徴

1	絞り込んだ ニッチテーマ	テーマを絞ることで、そのテーマに関するコンテンツの網羅性を高め、サイトとしてのクオリティを高める。情報収集力に乏しい個人でも高い評価を得られるサイトを目指す。
2	コンパクト サイズ	少ないものは5記事程度、多くても数十記事。数日で制作を完了するものも。訪問者が必要とする情報を短時間でさくっと読め、理解＆満足できるコンパクトサイズ。
3	全体設計 かっちり	想定訪問者のニーズを前提に、全体構成（コンテンツ内容やトップページレイアウト、導線など）をかっちり設計し、つくり込む。訪問者がぱっと見て全体を把握できるのが理想。

❶絞り込んだニッチテーマ

　一個人が限られた"時間"と"マンパワー"でそれなりに内容の濃いサイトをつくって運営していこうと思ったら、最初にきちんとテーマを絞り込んでおくことが大切です。

　身の丈を越えた壮大なテーマを選べば、制作・運営作業が大変になるだけではありません。コンテンツとして薄っぺらい、「中身が中途半端な使えないサイト」というレッテルが貼られることになってしまうのです。

　例えば、「水族館」に関するサイトをつくるとします。漠然と「水族館情報を集めたサイト」をつくろうとするのは、ちょっと無謀です。日本中の水族館情報を集めてひとつのサイトにまとめるのは、かなりのマンパワーを要します。また、すでに充実した内容で多くの人の支持を集めているサイトがある場合、それを上回る付加価値を盛り込むのは至難の業でしょう。何かもう一段階テーマを絞り込んでエッジを立てないと、歴史もない新参サイトが「水族館」というメジャーなテーマで人を集めるのは難しいはずです。

▶ほどよい絞り込み度合いを探る

　それではどう絞り込めばいいでしょうか？　切り口はいろいろあります。例えば、いちばんシンプルなのは、自分の住んでいる都道府県内だけの水族館を徹底紹介することです。カメラ好きの人なら、水族館で上手に写真を撮る方法を紹介する専門ノウハウのサイトも面白いかもしれません。極めれば、きっと「水族館フォトグラファー」を名乗れるはずです。水族館のお土産ショップにフォーカスしてみるのもいいでしょう。例えば、東京スカイツリー脇のすみだ水族館で販売されている「チンアナゴのぬいぐるみ」は、たまにテレビなどのメディアで取り上げられますが、それほど知られてはおらず、ミニサイトで取り上げれば興味を持って読む人もいると思います。「見ているだけ

で癒される」と愛好者も多い「くらげ」だけを取り上げた水族館情報サイトも面白そうです。もちろん、ニッチすぎると「誰も来てくれない」サイトになる可能性もあり、"ほどよい"絞り込み度合いを探ることも必要です。

　「ミニサイト」としてほどよく絞り込んだテーマを設定することで、掲載するコンテンツの質を上げ、そのテーマに関する情報の網羅性を高めることができます。そして、ピンポイントにその情報を求めていた訪問者の満足度を高めることができるのです。

❷コンパクトサイズ

　ひとつのサイトに必要なページ数、そして最適なページ数はどのくらいなのでしょう。一時期「コンテンツは多ければ多いほどいい」「1ページ2,000文字以上は必要」といった説が声高に叫ばれ、これを無条件に信じて記事を昼夜量産している人たちが今もいます。もちろんそのセオリーが間違っているわけではなく、検索エンジン対策（SEO対策）という観点から考えれば、コンテンツ量が多いほど引っかかるキーワードが増えるため、重要な要素のひとつなのはたしかだと思います。

　しかし、もし検索エンジンで引っかかったとしても、実際にそのコンテンツを読む人にとって水で薄めたような読み応えのない記事となっていたら、意味がありません。読者もすぐに別のサイトに行ってしまうことでしょう。そうであれば、単にコンテンツを増やすために記事を書くことは貴重な時間の浪費ではないでしょうか。

▶ **サイトの最適コンテンツ量はテーマによって変わる**
　私が運営する『島マラソン情報館』は、離島で開催されているマラソン大会だけを紹介するミニサイトで、「都道府県別」「開催月別」「距

離別」で探せるようになっています。現時点で確認できている大会の数が50件前後なので、記事数としては約50の大会数＋α（「このサイトについて」ページや参加レポートなど）です。

島マラソン情報館

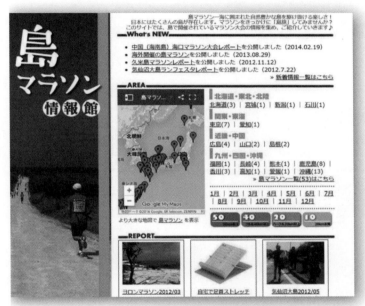

http://shimamarathon.com/

　一方、『ベランダで鳩が卵を産んだ』は、我が家のベランダで産卵した鳩の育児・巣立ちレポートで、ページ数はトップページを含めて10ページだけです。ベランダで鳩に卵を産まれてしまい困惑している人が多いのでしょうか、3年半経過した今でも「ベランダ　鳩」「ベランダ　鳩　卵」などのキーワードで検索して訪れる人が毎日やってきます。もちろんその間、記事更新はまったくしていません。

ベランダで鳩が卵を産んだ

http://www.taiken.in/hato/

　当たり前といえば当たり前ですが、サイトの最適コンテンツ量はテーマ次第です。テーマを考える時点で、「この内容だったらどのくらいのボリュームが必要か」という見積もりを立てなくてはいけません。必要なコンテンツ量は、制作に必要な時間数・労力にもつながってきます。

　時間・マンパワーが限られる中、コンテンツの「質」と「量」は反比例の関係となります。より質の高いサイトをつくるためには、無理のない時間数と労力でつくることができるコンテンツ量のサイトを企画する必要があります。そのためにも、「テーマの絞り込み」が重要になってくるのです。

　「1サイト○○ページ以上」「1記事最低○○文字」などの一律ルー

ルは、ミニサイトづくりでは一度忘れてください。むしろ、逆に「コンパクトサイズ」を目指してみてください。制作モチベーションが高いうちに短期で完成させることができ、訪問者にとってもさっくりと必要な情報を得られる「使い勝手のいい」サイトと評価されると思います。

▶ "コンパクト"であることは訪問者のメリットにもつながる

　インターネット元年と言われる1995年からはや20年。初期のネットサーフィンの頃の荒野を考えると、今は「ちょっと検索すればどんな情報でもある」というサイト飽和時代です。非常にマイナーでローカルな情報でも、根気強く探せば見つかることが多くなっています。それはとても便利なのですが、一方でこんな状況も生まれています。

　「広大な情報の海で一体どれを参考にしたらいいのやら……」

　時間がたっぷりある人ならいいのですが、短時間でさっくり必要な情報だけをほしい場合、情報過多な状況は不都合です。
　これには、ここ数年でブログが急増したことが一因としてあります。記事単位で検索に引っかかってくるので、検索スキルの高い人、ソーシャルメディアを使いこなしている人なら一発「ビンゴ」でほしい情報に出会えますが、必ずしもみんながそうとは限りません。必要な情報を得るために無数のブログやサイト記事を渡り歩く羽目になったり、集めれば集めただけ混沌としてしまう人が多数でしょう。

　自分の知りたいことが書かれていそうなブログに出会えても、実はその先が大変です。「どうやらこの運営者がくわしそうだ」と思えるブログ記事を発見したら、その記事の関連カテゴリ内に求める情報がある確率は高いのですが、それが運営歴の長いブログであれば、カテゴリ内には100を超える関連記事があるかもしれません。時系列で並

んでいるだけなので、やはり探しあぐねます。もしブログを５年以上続けている人がいたら、初訪問者になったつもりで、自身のブログのどこかの記事を開いてみてください。関連する他の記事へ簡単に辿り着けるでしょうか？　そして記事一覧の中で、例えば「最初に読んでおくべき」基本となる記事や、初心者に必要な情報をまとめた総集編などがすぐ見つかるでしょうか？

　ミニサイトではサイトを初めて訪れた人でも、パッと見でサイト全体の内容を理解し、必要な情報に直行できるよう、トップページに目次をわかりやすく配置するつくりが一般的です。また、記事一覧をただ時系列で並べるのではなく、書籍の章立てや雑誌の特集などのように読み手のニーズをベースに順序立てて配置していきます。

時系列のブログと構成重視のミニサイト

ブログ	ミニサイト
・記事が時系列なので探しづらい ・必要な情報を得るために無数の記事を渡り歩く必要がある ・運営歴の長いブログほど記事の本数が膨大でお目当ての記事が見つからない ・関連記事に簡単に辿り着けない	・記事は章立て、順序立てて配置されている ・初めて訪れた人でもパッと見で全体の内容を理解できる ・必要な情報に直行できるよう、トップページに目次がわかりやすく配置されている ・記事の位置が読み手ニーズをベースに配置されている

　繰り返しますが、**読み手の立場から見た時、情報は多ければ多いほどいいというわけでは必ずしもないのです。むしろ重要な情報をぎゅっと凝縮してまとめてくれているサイト、中身を一覧できるコンパクトなサイトのほうがありがたい場合が多いということです**。とりわけ

そのテーマについて調べ始めたばかりの初心者にとっては、基本的なことを体系的に整理して紹介してくれるミニサイトが大きな助けになるはずです。

+ + +

話上手な人の特徴は、「要点が何か」を的確に理解・把握していることだそうです。そして、手短かつ誰にでもわかりやすく説明できるスキルを持っています。ミニサイトづくりでも同じことが言えます。訪問者視点で「求められているものが何なのか」を真剣に考え、掲載する情報の取捨選択・優先順位付けをする。それによって「小粒だけどキラリと光る」、そんなサイトをつくり出すことができるのです。

❸全体設計かっちり

ここでもブログとの比較で見ていきましょう。2005年頃から、従来のサイトと違ってHTML（ウェブサイトをつくるために利用するプログラム言語）の知識が皆無でも文章を書くだけで始められるため、ブログを使って情報発信をする個人が一気に増えました。全体の構成や記事順序などは気にせず、自分が体験したことやニュース記事を読んで抱いた意見など、その場その場で自由に書いていける気楽さも、ブログが流行した要因です。

近所で見つけた美味しいイタリアンの店、ダイエット停滞期の悩み、旅行で出会った絶景など、興味あることや気になっているトピックスを好きな時に好きなように書いていけばいい……この自由度こそがブログの魅力でしょう。内容が多岐に渡っても、投稿時にカテゴリを指定すればある程度整理されます。

一方で、それゆえのデメリットも抱えています。連載コラムのように、新着記事を次々読んでいく分には不便ないのですが、いざ過去の

記事ストックの中から必要な情報を探し出そうとした時、ブログ全体だけでなく、カテゴリ内も時系列で並んでいるだけなので少々難儀するのです。情報が体系立てて整理されているわけではないため、何か調べたいことがあって訪れた人から見ると、「全体が見渡せない」となってしまうのです。

　そんなブログの不便さを解消し、ある程度かっちりした構成で情報をまとめてみようというのがミニサイトです。トップページも時系列ではなく、記事を探しやすいよう切り分けて整理し、目次として並べます。記事本数が多い場合には、トップページにはカテゴリだけを配置するということもあるでしょう。どちらにしても、初めて訪れた人にとって、「どんな内容のコンテンツか一目瞭然」「必要な情報に迷わず行ける」、こうしたレイアウト・誘導を目指した構成が一般的です。

▶ "旅行記"と"旅行ガイド"の違い

　ブログとミニサイトの違いは、例えば旅行をテーマとしたコンテンツで考えてみるとより理解しやすいかもしれません。次ページの図は、2015年以降の対米関係改善で日本からの旅行者も急増が予想されているキューバへの旅行ガイド『キューバ旅行情報館』(http://www.joho.st/cuba/) と、このサイトの前身である、私がキューバ旅行中に書いた旅行記ブログです。こちらは、今もこの『キューバ旅行情報館』の一カテゴリとして残っています。

　実際のページを見比べてもらえるとわかりますが、「旅行記」であるブログと「旅行ガイド」のミニサイトでは、同じ「キューバ旅行」がテーマでもコンテンツ内容や見せ方は大きく異なります。

旅行ガイドと旅行記の違い

第1章 〈入門編〉ミニサイトの世界へようこそ

旅行記では、記事は時系列に並んでいて、毎日自分が訪れた観光地や泊まったホテル、両替したことなどが「体験談」として綴られています。もちろん旅行記だけでも、これからキューバに旅しようと思っている人の役には立つでしょう。また、「いつかキューバに行きたいな」という人にとっては、旅行記こそが読みたいものかもしれません。

　ただ、旅行を計画していて情報収集中の人にとっては、泊まったホテルの従業員がフレンドリーだったというエピソードより、「両替はどこで行なうと得なのか」「遠距離バスのチケットは現地で当日買えるのか」「物価はどのくらいか」といった具体的ノウハウのほうが重要でしょう。それらを140本にものぼる旅行記の記事の中から発掘しようと思ったら、仮に1記事1分で半分程度読んで見つけられたとしても、1時間以上はかかります。中にはどうでもいい記事や、「肝心の料金が載ってないじゃん！」といったこともあるでしょう。

　旅行情報を必要としている人たちに効率よくコンテンツを活用してもらうためには、旅行記の中からノウハウ情報を切り出して再編集し、トップページに見やすい目次を配置するのがいちばんです。再編集にあたっては、文章の切り口も大きく変えています。旅行記では「私」が主体で、「美味しかった」「びっくり仰天」など主観が盛りだくさんの文章でした。一方、ミニサイト用にリライトした記事では、客観的な情報がメインとなっています。その違いはぜひ、実際のコンテンツを読み比べて理解していただけたらと思います。

　ブログでも「旅行記」ではなく、チケットの買い方や両替方法、観光スポット情報など、「旅行ガイド」的コンテンツのものもあります。ミニサイト同様、ブログにもさまざまなスタイルがあり、簡単に定義できるものではありません。実際は「旅行記＝ブログ／旅行ガイド＝ミニサイト」という単純なものではありませんが、ここでは理解しやすくするため、典型としての旅行記ブログを例に取り上げてみました。

▶ 訪問者のニーズを前提に、まずは全体構成をかっちり設計

　先ほどから何度も「全体構成」「設計」という単語を繰り返していますが、簡単に言えば「どんな内容にするか」ということです。そこが、「こんな感じの内容」という漠然としたものではいけません。

　では、どうすればいいでしょうか？　もっと具体的に、カテゴリ一覧はもちろんのこと、できればミニサイト内に収めるすべての記事のタイトルを書き出すくらいまで行ないます。「つくりながら次にどんな記事を書こうか考える」のではなく、最初の段階で、サイトマップがつくれるくらいまで詳細を詰めておくのです。そして、ミニサイトの顔とも言えるトップページの配置がとても重要です。

　設計作業で重要になってくるのが「想定訪問者のニーズ」です。その想定訪問者のニーズの前提になるのは「一体どんな人が想定訪問者か」ということ、つまりターゲット選定です。先ほどのキューバ旅行ミニサイトの例で言えば、キューバに興味を持ちはじめている人をターゲットとするのか、それとも具体的に旅行計画を立てている人をターゲットにするのかで、必要な記事もトップページをどういう配置にするのかも変わります。団体ツアー利用者と、個人でチケットやホテルを手配して旅する人では、ほしい情報もかなり違ってくることでしょう。

　すべての人に役立つコンテンツにするということもできなくはないのですが、それでもやはり「メインターゲットをどこに設定するか」は決めておかないと、誰にとっても中途半端なコンテンツ・トップページ構成になってしまう可能性があります。

　以上はかんたんな企画書にして整理するだけで、驚くほど効果が上がります。ミニサイト企画の詳細については、71ページからくわしく解説します。

なぜミニサイト？

訪問者・運営者にとってのミニサイトのメリット

　ジムで筋トレを行なう場合、トレーナーにこんな指導を受けることがあります。

　「どの部分の筋肉を使っているのか、一つひとつ意識しながらトレーニングすることが大切です」

　トレーニングマシンの使い方は、他の人の動きを見ていればだいたい理解できますが、見よう見まねで動かしている時と、使う筋肉を意識して取り組んだ時では、トレーニング効率がまったく異なります。
　形から入ることも大事ですが、それだけでは次のステップには進めません。外観からさらに内側にあるより本質なことに踏み込んで、何が必要なのかどうあるべきなのか、思考を巡らせる必要があります。

　ミニサイトづくりでも同じことが言えます。最初は他の人がつくったサイトを見て、「あんな感じのミニサイトを自分もつくってみたいな」といった感じで十分です。ただ実際につくり込みをしていく段階では、「なぜミニサイトなのか」「このテーマをミニサイトでつくるメリットは何か」、これを自分なりに消化できていないと、次のような事態にもなりかねません。

・コンテンツが無駄に肥大化

- 盛り込みすぎてテーマがぼやける
- 誰のどんなニーズのためのサイトかが不明瞭に
- 今までもつくっていたブログと違いがよくわからないものに

　実際、私が過去に開催したミニサイトづくりワークショップでは、制作者が方向性を失ってしまい、未完成のまま最終日を迎えてしまったケースを多数見ています。

　なぜミニサイトなのか。ブログではなくミニサイトにするメリットはどこにあるのか。「訪問者」「運営者」双方にとってのメリットをあらためて考えてみましょう。

なぜミニサイト？

訪問者のメリット

① **時間節約**
　必要情報が整理されており、探し回らずに済む

② **ピンポイント**
　必要なエリア・レベルの情報だけに絞られている

③ **読みやすさ**
　コンパクトサイズで迷わずに情報収集できる

運営者のメリット

① **集客できる**
　他に良質サイトがないニッチ分野を狙いオンリーワンに

② **短時間で制作**
　限られた時間でも完成させることができる

③ **その道のプチ達人に**
　体系立った知識を習得できる

訪問者にとってのメリット

❶時間節約

　情報は、少なすぎると困ります。でも多ければ多いほどいいというわけではありません。

　「大阪で訪れるべき有名焼き肉店10選」だったら興味を持って読むことができますが、「50選」だったらどうでしょう？　全部読む気は失せ、その中から10店舗くらいに絞ってほしいと思うのではないでしょうか。欲を言えばさらに3店舗ほど、執筆者が個人的に推す店を「時間がない人は最低限ここに行っておけ」と補足的に書いてくれると助かります。なぜなら、それが訪問者にとって「時間節約」になるからであり、求められているからです。

　家電製品をはじめとする、さまざまな商品の最新販売価格が一覧化されたサイト、『価格.com』を利用したことがある人は多いでしょう。もともと東京・秋葉原の小売店で販売されているパソコンの価格を調べ、一覧で見ることができるよう、毎日更新するサイトを立ち上げたのがはじまりです。それまでは、どのパソコンを買うか決めた後、週末に秋葉原を歩き回り、いちばん安い値段で販売している店を探していたものです。同じように、貴重な休日を費やしていた人が毎日大量にいたはずです。価格.comがその情報を毎日更新してくれることで、多くの人の時間が節約されました。そこには間違いなく大きな価値があります。

「人生は時間によってできている」

こんな名言を残したのはマルチな才能を発揮したベンジャミン・フランクリンでした。**ミニサイトをつくるために一定の時間と労力が費やされますが、それによって、その後ミニサイトを活用してくれる何十人・何百人の貴重な時間が節約され、「役立った」「参考になった」と評価・感謝してもらえるなら、それは非常に有効な時間の活用方法なのではないでしょうか。**結果としてミニサイトから得られる広告収入は、「他人の時間節約に小さな貢献をしたことに対する見返り」と私は認識しています。

❷ピンポイント

かゆい背中を誰かにかいてもらっている時、「そこそこ！」というスポットに至った時の快感は誰でも経験があるでしょう。インターネットで情報収集をしている時にも、ほしかった答えが不足なく書かれたページに辿り着いた時のよろこびは大きいものです。

ミニサイトのテーマを絞り込めば絞り込むほど、ターゲットユーザは減少します。具体的に言えば、そのミニサイトの関連キーワード・キーフレーズで検索する人の数は減ります。しかしそれを逆に言えば、**ターゲットユーザにとっては、むしろ「ピンポイントにほしい情報だけが掲載されている有益なサイト」**となります。

例えば、東京都渋谷区在住の新米ママさんが、『子連れで安心して入れる渋谷カフェガイド』というサイトを見つけたら、すぐにブックマークすることでしょう。実際に子連れで訪問している先輩ママさんのレポートが掲載されていたら、非常に助かる情報ソースとなります。ご近所のママ友にもきっと教えてあげたくなることでしょう。テーマを絞ることで、その絞ったテーマ＆ターゲットに適したカテゴリ設定

や構成にすることも可能となり、訪問者にとっての使い勝手も向上します。

今はソーシャルメディア（SNS）全盛時代。住んでいるエリアや趣味、好きな野球チーム、その時いる場所など、さまざまな要素で共通項のある人同士がつながっています。また、以前であれば個人サイトの集客はその大半を検索エンジンに頼らざるを得なかったのですが、今はSNSでの拡散によるアクセス比率も増えています。ミニサイトづくりにとって、それは追い風です。テーマはニッチでも、それに興味がある人にとって、まさにストライクゾーンど真ん中なミニサイトをつくることができれば、ソーシャル上でおすすめされ、じわじわと広がっていきます。

❸読みやすさ

読みやすいかどうかを決める要因はいろいろあります。

- フォントサイズ・行間
- 小見出しのつけ方
- 写真や図の挿入
- 理解しやすい文章・構成
- 飽きさせない文章運び
- 適切な文章量

この他にもいろいろあるでしょう。ブログでもミニサイトでも、「読みやすさ」は重要です。文章作成力は一朝一夕で身につくスキルではないので、手本となる文章を研究しつつ、場数を重ね磨いていくしかないのですが、初心者にとって近道なのが、「文章をコンパクトにしてみる」ことです。

あれもこれも書きたくなり、つい冗長な文章になってしまうのが素人です。私もそのひとりで、書き始めると雪上を転がる雪玉のように文章が肥大化してしまいます。そして、だいたいの場合「結局何が言いたいんだ!?」と自分で突っ込みたくなる、ただ長いだけの駄文です。

　情報をなるべくコンパクトにまとめて発信するミニサイトでは、記事本数も、各記事内の文章量も比較的少な目です。「記事本数が多ければ多いほど、文章が長ければ長いほどいい」といったセオリーはありません。むしろ**無駄は省き、でもコアな部分は漏らさず**「さっくり必要な情報を得ることができる」、いわば細マッチョが理想です。

　そうして実現する「読みやすさ」は、とりわけスマホからの訪問者に歓迎されます。いまや世の中のネット閲覧の主役はスマホです。サイト種別によっても異なりますが、6：4あるいは7：3でスマホからのアクセス数のほうが多いというサイトが増えています。

　スマホの画面サイズが拡大しているとはいえ、パソコンに比べたらまだ小さく、画面内に表示される文字数も限られます。移動途中などのちょっとした隙間時間に、さっと閲覧するスタイルが多いのもパソコン閲覧との違いです。今後もますます、情報のコンパクトさ・読みやすさは求められていくでしょう。

運営者にとってのメリット

❶集客できる

　個人サイト運営者にとっても馴染みのある単語となってきた「SEO（サーチ・エンジン・オプティマイゼーション）」。日本語にすると「検索エンジン最適化」です。より多くの人、特にそのサイトがターゲットとしている人たちに検索エンジン経由で来てもらうために、関連する検索キーワードでの検索結果ページの上位に自分のサイトが表示されるよう、サイトのつくりやページ構成・内容などを最適化することを指します。

　よく「ミニサイトだとSEOはどうなるの？」「ページ数も少なくて文章もコンパクトでは、検索エンジンに引っかからないんじゃないの？」などと聞かれます。私自身はSEOの専門家でないため、あくまでミニサイトづくりを通しての体感値ですが、**ミニサイトでは「テーマ設定自体が最大のSEO」**になってくると思います。つまり、最初にテーマ設定をする段階で**「勝てるフィールド」**を探し、テーマの絞り込みをするわけです。

　検索上位をめぐる熾烈な争いが起こるのは、同じテーマの有力ライバルサイトが多数存在し、しのぎを削っているからです。また、いわゆる「ビッグキーワード」と呼ばれる、検索される数も多く、そのニーズに結びついたビジネスが盛んな検索ワードでの上位を狙っているためでもあります（例：美容・ダイエット関連など）。逆に、同一テ

ーマで、他に有力ライバルサイトが存在しない領域で質の高いミニサイトをつくり、サイト名もストレートなものにしておけば（『東京ビアガーデン情報館』など）、さほど特別なことをせずとも、時間とともに検索結果で上位に浮上してくるはずです。

　自分がつくりたいミニサイトのテーマが思い浮かんだ時には、まず関連キーワード・キーフレーズ（2語以上の検索ワードの組み合わせ）で検索して、検索ページの1～2ページ目に、そのテーマをずばり扱った専門情報サイトがないかどうかを確認しましょう。

　例えば、2015年に「東京の日帰り温泉」をテーマにしたサイトをつくりました。この時「東京　温泉」で検索して1～2ページ目に出てくるのは、個々の温泉施設の公式サイトや「@nifty温泉」など、全国温泉情報サイトや旅行サイトの東京エリアページ、まとめサイトなどのみでした。東京の温泉だけを紹介する専門サイトは上位にはなく、「これなら自分がつくって勝負してみる価値はあるかな」と思ったわけです。実際立ち上げて半年ほどで、「東京　温泉」で検索結果の上位に浮上し、アクセス数も順調に伸びています。

　仮に、同テーマの専門サイトを検索結果1ページ目で見つけたとしても、内容が中途半端で網羅性・利便性に大きく欠け、長らく更新されておらず、内容が陳腐化してしまっている場合もあります。そうであれば、やはり挑戦を検討します。逆に、自分が見て「これは充実している」「役立つ」と思える専門サイトがすでに検索上位に浮上していれば、あえてそこで勝負をすることはしません。すでに良質なサイトがあるのなら、同じようなものをつくるために時間・労力を費やす必要はありません。まだまだ世の中には、「ナンバーワン」「オンリーワン」として目指せる面白いテーマがたくさん埋蔵されているはずですから。

❷短時間で制作

　私にとって「制作時間の短縮」は重要です。ひとつは個人的な性格の問題で、集中力はそれなりにあるのですが、それを維持できる時間が短いからです。要は「熱しやすく飽きっぽい」性格ということですね。また過去のサイト制作・運営体験から、「期限を決めずにだらだらつくれる」ことにメリットはないと思っています。

　サイトづくりで最も盛り上がる瞬間は、魅力的なサイトテーマを見つけ、さらにそれが成功しそうだと確信できた時です。その後サイト名を考え、コンテンツ設計をする段階の作業もワクワクするものです。
　人によってはデザインを考える時間も特別なものかもしれません。でも、次第に作業は単調で根気を要するものになっていきます。つくり込みは、ひたすら文章を書いていくだけの地道なものになりがちです。時間の経過とともに情熱が低減してくると、最初の目標もぼやけ、サイト企画の軸もぶれていくことがあります。そうなる前に完成させたほうが、精神的にもサイトのクオリティ的にもいいことは間違いないでしょう。

　そのため、**ひとつのサイトをつくる時には、いつまでに完成させるか期限を必ず設定します**。短いものでは1～2週間、長い場合で2か月ほどでしょうか。このくらいであれば、それほどタスクマネジメントが得意というわけでない人でも、自分の立てたスケジュールを守りながら作業ができます（スケジュールの立て方については86ページで解説していきます）。
　短時間の制作が可能だと、同じ時間でひとつだけでなく複数のミニサイトをつくることができます。私は多い年で年間9つのミニサイトを立ち上げたことがあります。通常、新規立ち上げは年3つ程度で、残りの時間は既存サイトのメンテナンスなどを行なっています（ミニ

サイトを複数つくり運営するメリットについては、188ページで解説していきます)。

❸その道のプチ達人に

「ミニサイトづくりによって新たなライフワークと出会うかも……」
「その道のプチ達人、さらには"その道のプロ"になる可能性も！」
「人生が想像していなかった方向に大転換する……」

　ちょっと大げさと思うかもしれませんが、私のまわりには実際にこういう人たちが存在します。私自身もそのひとりです。今は単なる趣味や「ちょっと興味あること」に過ぎないことも、ミニサイトづくりを通じて体系立った知識を習得し、情報の発信を通じてさらなる新しい情報が入ってくるという循環の中で、気がつくと「あの人がくわしい。あの人に聞けば教えてもらえる」と周囲から一目置かれる存在になっていたりします。運営するミニサイトが検索エンジンで上位に表示されれば、雑誌・ラジオ・テレビなどからの取材がメールで飛び込んでくることもあります。

　「自分なんて実はタダの素人なのに……」と戸惑うかもしれませんが、ニッチテーマのミニサイトを運営していると、そうしたことがよくあります。最近思うのですが、**何かを極めたい、あるいは得意分野をつくりたいと思ったら、ひとり黙々と勉強し、トレーニングして「インプット」するだけでなく、学んだことをどんどん「アウトプット」していくのが近道**なのかもしれません。

　アウトプット場所としてはブログのほうが継続更新できて適しているかもしれませんが、ミニサイトの場合、その時点での自分の知識や得た情報を棚卸して体系的にまとめる必要もあるため、理解が深まります。また、外部から「その道の専門家・くわしい人」と認知しても

らいやすいのもミニサイトでしょう。

　マネタイズを主目的にミニサイトづくりに取り組むのもいいと思いますが、それだけを追求しているともっと価値あるものを逃してしまうこともあります。
　たかがミニサイト、されどミニサイト。今あなたの頭の中に構想としてだけ存在するミニサイトが、一生かけて取り組むライフワークのテーマを与えてくれるかもしれません。もしくは数年後、専門家としてテレビにゲスト出演しているかもしれませんよ？

専門知識がなくてもOK！
興味あるテーマをミニサイトに

たくさんの「？」を大事にする

　冒頭で「南の島でダイビングやってみたいな」という興味一例を紹介しましたが、そんな夢を抱いている人は、きっとダイビング未経験者でしょう。

「体験ダイビングにしようか」
「それともどうせならライセンスを取るか」
「取るとしたらどこ？」
「何日かかるの？」
「１週間の休みがあれば南の島で取得することもできる？」
「国によって相場ってどのくらい違うもの？」
「他の人ってどんなところで取っているの？」
「自分で最初に揃えなくちゃいけないものは？」

――いざダイビングをやろうとしたら、このようにたくさんの「？」が浮上することと思います。
　あるいは周囲にダイビング好きな友人がまったくいない人の場合、知識が少なすぎてどんなことを考慮すればいいのかすら思いつかないかもしれません。

知りたい情報が揃ったサイト、ないなら自分でつくってみる！

そこでGoogleで検索してみましょう。まずは「海外 ダイビング ライセンス」と入力して検索をしてみます。すると……

まずはGoogleで検索してみよう

情報がたくさん出てきましたね。でもちょっと待ってください。上位に出てきたのは「広告」ラベルがついたもので、個々のダイビングスクールやツアー企画会社の広告サイトです。その下は、まとめサイ

トやブログ記事、大手ダイビング情報サイト内の「始めよう！　ダイビング」といったページなどです。グアムやサイパンなど、国ごとのダイビングショップ紹介がずらずら並んでいますが、先ほど挙げたような初心者が抱く疑問への回答はまったく得られません。せいぜい「ダイビングショップってたくさんあるんだな」という事実が理解できたくらいです。

　その下も、旅行情報サイトの一コンテンツや、Yahoo!知恵袋の質問&答えなどです。もちろん、ひとつずつ開いて見ていけば少しずつは疑問が解決することに間違いないのですが、ミニサイトづくり職人としてはこう考えます。

　「海外でダイビングライセンス取得を考える人のためだけの、もっとわかりやすい初心者向け情報サイトがあったらいいのでは？」

　いかがでしょう？　各国ごとにライセンス取得ツアーの相場も違います。往復の移動時間も含め、どのくらいの日数が必要になるかも一覧化できるはずです。口コミサイトなどを参考にすれば、国内・海外で取るメリット・デメリットなども見えてくるでしょう。そうした参考になる口コミサイトや、体験者のブログ記事を紹介するリンク集的なコンテンツをつくるだけでも、同じニーズの人にとっては非常に役立つはずです。

　もちろん、海外のダイビングショップを検索できるサイトはいくらでもあります。また、ダイビング関連情報サイトなどを見れば、そうした海外でライセンス取得する際のアドバイスや必要情報をまとめた記事や特集はあります。しかし、それだけをひとつのサイトとして切り出したものは少なかったりします。もし、そうした専門サイトがあって、かつ中身も充実していれば、先の検索で1〜2ページ目には浮上してくる可能性が高いのではないでしょうか。

"ズブの素人"だからこそニーズを踏まえたサイトづくりができる

「でも、ライセンスをこれから取る知識ゼロの自分がそんなサイトをつくれるはずない……」

いえいえ、違います。むしろ、今まさに自分のニーズに基づいて情報収集をし、現在進行形で検討作業を進めている人だからこそ可能な情報発信があるのです。20年以上も前にライセンスを取得した人にはできない、初心者目線のライブ感のあるレポートが可能だと思いませんか。

まずは「海外でダイビングライセンスを取得したい」と考えている自分自身の疑問やニーズをすべて書き出してみてください。そして、それぞれについて、本やネットを活用したりくわしい友人に聞いたりして調べていき、わかったことをメモ代わりにブログに書いていきましょう。参考になった記事や口コミサイトがあれば、それらのリンクもきちんと張り、引用した場合にも必ず引用元へのリンクを張っておきます。

そしていろいろ調べた結果、絞り込んだダイビングショップに申し込みをしましょう。飛行機のチケットを取ったり、ライセンス取得ツアーに参加したりしたら、ぜひその日記もブログに書き溜めましょう。

ライセンスを取得して帰国したら、記憶が薄れないうちにブログを再編集して「ミニサイト作成」です。情報収集＆検討中だった過去の自分ならどんなサイトがほしいだろうか、それを考えながら必要な記事を作成し、トップページに見出しを並べていきます。

どうでしょう。知識ゼロからのミニサイトづくりをイメージすることができたでしょうか。ミニサイトをつくるために、必ずしも「専門知識」「人とは特別に変わったテーマ」が必要なわけではないのです。

ある人はこたつを買い替えるにあたり、『こたつ通販体験レポート』（http://kotatsu.taiken-report.net/）というサイトをつくりました。私も台湾をぐるりと一周、温泉巡りをしながら『台湾温泉ガイド』（http://taiwanonsen.com/）を立ち上げました。もともと温泉好きではありますが、台湾の温泉にくわしかったわけではありません。出発の1週間前に本やサイトを見て、どこにどんな温泉があるのかはじめて知った程度です。

　でも、今はどうでしょう。ミニサイトづくりを通じて自分なりにいろいろ調べ、各地の温泉にも実際に出向いたため、「台湾の温泉」は多少なりとも人に語れるテーマとなりました。台湾旅行に行く友人から相談を受けることもあります。「台湾の主要温泉をすべてまわり、日本語で紹介するミニサイトをつくる！」というマイミッションがなければ行かなかった山間の秘湯にも足を伸ばし、非常に貴重な経験ができました。

　「専門知識がないからミニサイトなんてつくれない」ではなく、「新たな得意分野をつくるためにミニサイトづくりに挑戦する」、こんなふうに考えてみてはどうでしょう。ミニサイトづくりは、新しいことに挑戦するためのモチベーション、そして得意分野や新たなライフワークを得る絶好の機会になるはずです。

ブログコンテンツを
スピンアウトさせてミニサイトに

ブログカテゴリとは違う切り口でレビュー記事を抜き出す

　誰でも簡単に始められ、気軽に更新し続けられるブログ。おそらく今これを読んでいるみなさんの中にも「ブロガー」はたくさんいらっしゃることでしょう。特にテーマを決めず日記的に書いている場合でも、次第に「食べ歩き記事が多い」とか「読んだ本の感想を書き溜めてきた」「関東近郊の日帰り登山ネタには自信あり！」など、傾向・特徴のようなものが見えてくるものです。

　さらに特定の記事が検索上位に浮上した結果、投稿からかなり時間が経過しているにもかかわらず、その記事にだけ毎日コンスタントにアクセスがあるといったことも経験があるのではないでしょうか。

　せっかくのコンテンツ、過去記事の中から特定のテーマのものだけ抽出して、ミニサイトとしてスピンアウトさせてみませんか？

　一例を挙げましょう。次に掲げる『備蓄.com』は、私の雑記ブログ『WADA-blog』の数千件の記事の中から、防災備蓄用にもなる日用品や食品のレビューを抜き出し、それを再構成し、いくつか記事を書き加えてつくったものです。もともとは「グルメ」「生活用品」など違うカテゴリに属していた記事群でしたが、"防災・備蓄"という新たな軸の設定によってひとつのサイトのコンテンツとなりました。

　ブログ内では埋もれていたり断片的になっていたりして、アクセスもほとんどなかった記事が大半ですが、再構成すると、ひとつのまとまりある情報として、関心がある人にまとめてしっかり読んでもらえ

るものになります。

　現在は「備蓄」などのキーワードで細々とですがアクセスがあり、防災月間の9月が近づくと訪問者もぐっと増えます。

備蓄.com

http://bitiku.com/

アクセス数が突出している一記事をベースに新ミニサイト

　こちらの『Windowsムービーメーカー使い方講座』も、もともとはブログの一記事でした。記事本数も少ないミニサイトで、ソフトの新バージョンが出た時以外は1年も2年も更新しないまま放置していますが、そのアクセス数は、元ブログ（記事本数は数千）の4倍以上にもなっており、Google AdSense広告収入や関連書籍のAmazonアソシエイト収入などもコンスタントに出ています。つくるのに要した時間と手間を考えると、非常に高いコストパフォーマンスとなりました。

Windowsムービーメーカー使い方講座

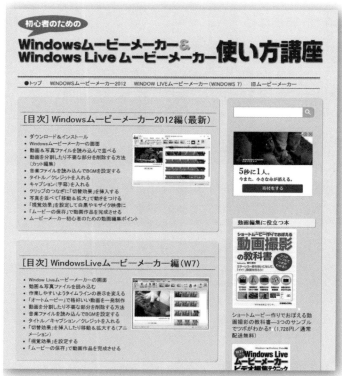

http://tsukaikata.net/moviemaker/

ブログコンテンツの"棚卸し"を兼ねてミニサイト化

　すでにテーマを絞ってブログ運営をしている人でも、ミニサイトをつくってみる価値があります。時系列的に記事を書き溜めていくスタイルのブログでは、初めて訪れた訪問者は、いったいどこからどう読んでいけばいいか迷う場合もあります。もちろんトップページやサイドバーのつくりを工夫して、特定の記事へのリンクを並べるなどして、ある程度「初訪問者にもわかりやすいブログ」にすることはできますが、それも記事数が多いブログの場合には限度があります。

　例えば、**そのテーマについて基本から学びたい人に、おすすめの記事だけを抜き出してミニサイトにしてみる**のもありでしょう。特定カテゴリを丸ごとスピンアウトさせるのも面白いと思います。

　テーマを絞り込むだけでなく、新たなターゲット（想定読者）を設定して再編集してみるのもひとつの方法です。例えば、都内の居酒屋を飲み歩いてレポートを書いている人が、その中から「女性がひとりでも入りやすい店」だけを抜き出し、ひとつのミニサイトにするなどです。

　ブログ内の記事は資産です。ただその資産も、蔵の中で眠らせておくだけでは何も産み出しません。一度蔵から引っ張り出して、もう一度誰かに読んでもらうための棚卸しをしてみてはいかがでしょうか。

重複コンテンツ（デュプリケート）問題への対応

　聞いたことがある人もいるかと思いますが、あるブログの記事をそのまま複製して他のブログやサイトに掲載した時、1つの問題が発生する可能性があります。それが重複するコンテンツとGoogleに認定された時、どちらかが「コピー」として検索結果にまったく出なくなる、あるいは検索順位が著しく下がるといった事態です。

第1章　〈入門編〉ミニサイトの世界へようこそ　041

そのため、「ブログ記事をスピンアウトさせてミニサイトをつくる時、重複コンテンツ認定されてしまわない？」という質問をよく受けます。実を言うと、丸ごとコピーして新ミニサイトで使うということはありません。一度以下のような方法で、簡単なリライトをしています。

- ブログ記事は割と長めなので要点を絞って短くする
- 概要だけをまとめて、より詳細を知りたい人のためにブログの元記事にリンクを張る
- 複数の記事を組み合わせて１本にしたり、１本を複数に分割したりする
- ミニサイトの文体に合わせて全面リライトをする

　これは重複コンテンツとして認識されることを防ぐためではありません。ブログとミニサイトでは文体も最適な記事の長さも違ってくるので、ミニサイトとして統一感がとれたものにするためにはリライトが必要になる場合が多いからです。また、ブログ記事から抜き出したものだけでは足りず、何割かは新しい記事を足しています。そのため、特に「コピーサイト」にはならずに済んでいます。

　ミニサイトをつくった後、元ブログ記事のアクセス数が大幅に減ることはありましたが、それをはるかに上回るアクセス数を新ミニサイトが稼ぎ出してくれるので問題はありません。専門サイトになったことでGoogle AdSenseの広告がより最適化され、大幅な収入増につながったケースもあります。

　もちろん、新ミニサイトをつくったことで元記事のアクセス数が減り、新ミニサイトも鳴かず飛ばずに……となってしまうリスクもあるでしょう。好調な記事ほどいじるのは躊躇すると思いますが、ブログ内の一記事ではいずれ沈んでいく可能性が高いので、多少のリスクは抱えても、検討してみる価値はあると思います。

Column 1

実践者インタビュー①
"ゴールのある完成型サイト"に初挑戦
「日本にいながら外国人の友達を作る方法」
ayanさん

　運営サイト・ブログのファンも多いayanさん。今回はじめて継続更新を前提としない「ミニサイトづくり」に挑戦しました。

Q. このテーマを選んだ背景は？

　外国人の友達をつくりたいと思った場合、旅行・留学などである程度の期間海外に行けば話は簡単ですが、現実的には仕事や金銭面、語学力などもあり、できる人は限られます。でも、日本にいながらでも、外国人の友達をつくることはできます。私は外国人のホームステイの受け入れなどをしたりしていますが、「私も子どもと一緒に国際交流したい」「受け入れってどうやるの？」とよく聞かれるんです。そういう情報を求める人は一定数いるんだなと思ったことが、サイト作成のきっかけです。

Q. ターゲットは国際交流に興味がある人？

　はい。それらに関する活動を楽しみたいと思っている人や、もう少し絞ると国際交流や外国人との交流に興味があって語学力にも自信があり、そうした外国人と触れ合える環境を子どもにも体験させたいと思っている女性です。

Q. サイト企画で悩んだことは？

カテゴリ分けですね。ノートに思いつくコンテンツを書き出して、それぞれがどのカテゴリに属するかを考えて分けていきました。

Q. これまで運営してきたサイト・ブログとどう違う？

サイト運営歴は13年目になりますが、複数の運営サイトはいずれも「更新してナンボ」の時系列ブログです。ミニサイトは「完成型」「更新しなくても読まれ続ける情報提供型」にしたいと思いつくりました。運営者である私のカラーが出ているという点は一緒です。既存ブログでホームステイ受け入れの体験談を書き、そこから新サイトへの誘導ができるというのは強みかなと思います。

http://friends.oyako-tabi.com/

第 2 章

〈実践編〉
ミニサイトをつくってみよう！

ミニサイトづくりの肝は「テーマ設定」

いかに転がっているネタを拾えるか

　どんなテーマでミニサイトをつくるか。ミニサイトの成否の７割は「テーマ設定で決まる」といっても過言ではありません。

「自分はそんなにアイデアマンじゃないからなあ……」

　そう苦手意識を感じてしまう人もいるかもしれませんが、それはもしかしたら、ゼロの状態からすごいテーマを生み出すクリエイティブな作業を想像しているからかもしれません。実際は違います。**「アイデアを生み出す」というより「転がっているネタを拾う」というほう**が近いでしょう。

　ゼロから創造するわけではないので、「気づくか気づかないか」「興味を持てるかどうか」「一歩踏み込んで考えられるかどうか」が大事です。これは、"視点"あるいは"習慣"の問題です。才能と異なり、視点や習慣は割と簡単に身につきますし、誰でも意識的に変えることができます。

"ネタ"は至るところに落ちている

　それでは、ネタは一体どうやって拾ったらいいのでしょうか。いつどこに落ちているのでしょうか。答えは「四六時中」、そして「至るところ」です。

代わりばえのしない日々の生活でも、実は新しい発見や疑問、興味をそそられること、思わずびっくりしたこと……などなど、感情が一瞬動かされるモノ・コトに出会う機会はいくらでもあります。**何もインパクトが大きい発見でなくてもいいのです。「へぇ」「おや」程度のライトなことが、むしろミニサイトのネタとしては面白い可能性もあります**。多くの場合、一瞬の感情変化ののちに流れて記憶からも消えてしまうような些細なターゲットを、一度立ち止まってじっと見つめ、「面白いネタにならないだろうか」と考えてみるのです。いくつか具体例を挙げてみましょう。

▶「最近コンビニで高級アイスよく見るよね。はやっているのかな？」
　コンビニでアイスを買おうとしたところ、ハーゲンダッツのすぐ隣りに、同じくちょっと高そうなカップアイスを発見。パッケージをよく見ると、そのコンビニチェーンのプライベートブランドだった。なかなか美味しそう。そういえば、１個200円台の高価格帯アイスに最近コンビニが注力しているっていうニュースを前に見たな。どんな種類があるんだろう。何が美味しいんだろう。ネットで探したら食べ比べサイトとかランキングサイトとかあるのかしら。アイス以外でも「高価格帯」商品がブームになってるものってあるのかな。「格安なんちゃら」な情報サイトは大量にあるけど、意外と「高級路線」軸で商品を紹介するミニサイトなんてのも面白いのかもしれない……。

▶「へぇ、大手町に温泉ができるんだ！」
　昼休みに食堂でテレビを見ていたら、来春大手町に天然温泉ができるというニュースが。隣の女性二人組の会話が耳に飛び込んできた。「東京でも温泉が出るんだ〜！」「東京って温泉いっぱいあるんだよ。実はうちの近くにも……」。たしかに東京＝温泉というイメージはないので、「東京に温泉」というニュースに驚く人も多いのだろう。かくいう自分も、自宅近くの温泉はよく通っているけど、それ以外は知ら

第2章　〈実践編〉ミニサイトをつくってみよう！　047

ないんだよね。東京の温泉、他にどんなところがあるんだろう。外国人の観光客も多いし、東京の日帰り温泉をまとめたサイトをつくったら面白いのかも……。

▶「台所のガス台横に棚を設置したい」
　台所のガス台の横に設置していた棚がかなり老朽化。買い替えたいと思ったんだけどジャストサイズの幅の棚、一体どこで探したらいいのだろう。近所の家具店にはなく、通販大手のカタログをかたっぱしから見ているんだけど、棚のスタイルが好みでなかったりしてなかなか……。こういうのって「スキマ収納」っていうのかな。いろいろな通販会社やオンラインショップのスキマ収納、幅とスタイルで「これ！」という商品を絞り込めたらいいのに。どうせ調べるんだから、そのついでにつくってみようか。同じニーズの人がたくさんいるはず……。

▶「千葉ってどんなキャンプ場があるの？」
　東京在住でよく奥多摩・秩父方面にはキャンプに行っているんだけど、たまには新しい場所に行きたいなと思い、「千葉ってどうかな？」と。でもそもそも土地勘ゼロで、どのあたりにどんなキャンプ場があるのかもよくわからず。「千葉　キャンプ場」で検索すると、全国を対象としたキャンプ場ガイドの千葉エリアページは出てくるんだけど、単にキャンプ場一覧があるだけで、「どのエリアでどんな楽しみ方ができる」といった基礎情報はない。都心からもすぐだし、そんな情報を求めてる人は多そうなのになあ……。

▶「ブロッコリー大好き！」
　子どものころからブロッコリーが大好き。いちばん好きな食べ方は茹(ゆ)でてマヨネーズという素朴なものなんだけど、上京してお洒落なレストランにも通うようになり、ブロッコリーの調理法も実はいろいろ

あることを知った。けっこう奥が深い。そんなわけで自分の家でも試してみたいんだけど、ブロッコリーのレシピって、検索してもクックパッド内のブロッコリーレシピや、料理ブロガーの関連記事とかしか引っかからないんだよね。ブロッコリー専門のレシピサイトとかあってもいいと思うんだけど、どうだろう……。

+ + +

いかがでしょうか。日常のちょっとしたこと、身近な出来事、ちょっと不便に感じたことなどには、ネタが潜んでいるということを、ご理解いただけたでしょうか。

その他、テーマ発掘の糸口の例

知人と与論島のマラソン大会に参加	参加者間で他島のマラソン話で盛り上がり、興味を持つ	帰宅後に検索。「あれ？ 島マラソン情報サイトってないんだ」
「沖縄離島に温泉がある」という話に友人が驚いた	他にも「実は知らない」という温泉地ってどこだろう？	「東京」って全国的にも温泉密集地だったんだ!
ブログの「各国語でお誕生日おめでとう!」の記事がヒット	これはけっこうニーズあるかも!	調べてみるとYahoo! 知恵袋などで質問が多い

面倒だったことは「ネタ」になる

　もう少しくわしく見ていきましょう。今はインターネットを使えばどんな情報でも机の前に座ったまま調べられる時代……のはずですが、中にはなかなか「これ!」という情報が得られないものや、逆に情報過多で絞り込みや、比較検討するのに苦労する場合もあります。英語

で調べればいろいろ出てくるものの、日本語情報が少ないということもあるでしょう。

　私が最近経験したのはキューバ旅行です。個人で3週間ちょっと旅行するために、ダイヤモンド社の『地球の歩き方　キューバ＆カリブ海の島々』を購入したのですが、キューバについての情報はわずか80ページ弱。1週間程度の旅行なら十分なのですが、長期の場合はガイドブックには載っていない都市にも足を運びますし、移動手段や現地物価などの情報もそれだけでは足りません。
　インターネットで検索を繰り返せば、多くの旅行者の旅行記などから答えは見つかるのですが、情報が分散してしまっているので大変です。5年前の情報では役に立たないこともあります。結局、海外サイトで英語やスペイン語も使って検索し、なんとかなりましたが、時間がない人や語学が苦手な人には厳しいかもしれません。

　さて、そうやって苦労して集めた情報、さらに現地をひとりで旅して得た経験を私は持っています。でも、もう一度同じキューバに旅行する可能性は低いかもしれません。そうすると、これらの情報・経験値は、もう役に立たないのでしょうか。もちろん、身近な友人・知人でキューバへ旅行する人がいれば体験談を提供することはできますが、それだけではもったいないですよね。こんなとき、ミニサイトをつくって発信すれば、今後キューバに旅する数多くの人たちに役立ててもらうことができます。そうした中で作成したのが、先ほど事例でも紹介した『キューバ旅行情報館』でした。
　旅行前の情報収集の他にも、面倒だったこと・手間だったことはたくさんあると思います。**もしタイムマシンがあるなら、過去の私にまとめて教えてあげたいこと、それは格好のミニサイトのネタになります。**

「誰かに教えたい！」と思ったことは「ネタ」になる

　毎日の生活の中で、目や耳から入ってくる情報量は非常に多いものです。そのほとんどは意識せず受動的に飛び込んでくるものですが、自身のアンテナがそれに反応すると「面白い」「誰かに後でこの話をしよう」と思うでしょう。それはきっと、他の人も新鮮な興味を抱くに違いないと思っているからです。そんな中にも、ミニサイトのテーマとなるネタが潜んでいます。ちょっと考えてみて、ミニサイトのテーマになる可能性があるものなら、手帳やスマホにメモしておきましょう。

　もし時間があるなら、もう少しその「興味」を深掘りしてみましょう。自分はなぜその情報に反応したのか、他にどういうニーズ・属性の人が興味を示す可能性があるのか。あるいは、後で友達に話すときにより食いついてもらえそうな追加エピソードを仕入れておくのもありですね。

　例えば通勤途中に、電車内の吊り広告で「今なぜ？　おひとりさまサービス急増中」という雑誌の特集見出しを見たとします。独身であるあなたは、同僚の同世代女性に昼休みにそのネタを振ってみようと思ったとします。でも、「おひとりさまサービス急増中」だけでは、「へぇ」と言われて終わってしまうかもしれません。どうせネタを振るなら、話を盛り上げられるようしたいところですね。

　乗換駅で実際にその雑誌を買ってみてもいいでしょう。あるいは自分が常々「ひとりでも気兼ねなく利用できたらいいのに」と感じている場所やサービスは何か、頭の中でリストアップしてみるのもありでしょう。過去に体験したおひとりさま向けサービスでよかった点・悪かった点を思い出しておけば、きっと会話も広がります。「そもそもおひとりさまサービスって、どんな人・どんなシチュエーションで歓迎されるんだろう」「ひとりだと割高になっちゃうものって何がある

んだろう」。一歩踏み込んで考え始めると、「おひとりさま」に関連していろいろ思考も広がります。

そんな中から、ふと「このネタでミニサイトつくってみたい」と思うアイデアが降ってくるかもしれません。**最初は受動的な情報でも、そこから派生させて思考を巡らせていった先に、キラリと光る何かが見つかることがあるものです。**

何かに新たに挑戦することは「ネタ」になる

　何かに挑戦したいと思っても、「自分にできるのか」という不安や初期の準備、情報収集の手間が重たく、腰が引けてしまうことってありますよね。そんな時、背中を押してくれるのが「ミニサイトをつくるネタにしよう」という野心です。長い人生の中、趣味やスキルを増やしておくことは、きっと人生を豊かにしてくれることでしょう。ミニサイトづくりを「新たな挑戦」のための動機づけ・継続モチベーションに利用すれば「一石二鳥」です。

　特定のテーマの情報サイトをつくるには、そのテーマについて相当くわしくないとダメだと思い込んでいる人が多いようです。たしかに高度な専門情報サイトをど素人がつくることはできませんし、するべきではありません。ただ、そんな情報を求めている人ばかりでしょうか。むしろ、基本的な情報や初歩的なことを知りたいと思っている人のほうが多いのではないでしょうか。

　「でも基本的なことや初歩的なことも、やはりくわしい人じゃないとまとめられないよ……」

　たしかにそうかもしれませんが、くわしすぎる人がサイトをつくると、初心者ニーズからかい離した内容になってしまうリスクがあるのです。ベテランにとっては馴染みある専門用語は、そうでない人にと

っては意味不明な単語の羅列です。そのテーマに最初に取り組んだのが10年も20年も前の人にとって、自分が最初にどこで戸惑い、何でつまずいたかといった記憶はきっと忘却の彼方でしょう。

　新しい趣味や学習、料理にダイエット＆美容、仕事関連のスキルアップなど、始めて間もない人や、まだ１～２年くらいという初級・中級の人のほうが「実践的で役立つ」「後輩のニーズをよく踏まえた」といったコンテンツをつくれる可能性があります。

　何か新しいテーマに挑戦する時には、少し全体が見えてきた段階でミニサイトをつくってみませんか。ミニサイトを企画するためには知識を整理する必要もありますし、自分が何をどう学んできたか、これまでの過程を振り返って評価することも欠かせないでしょう。人は誰かに教わるより、誰かに教えようと思った時に一気に知識・スキルを伸ばすことができるものです。ミニサイトづくりでも、きっとそんな副次的効果を実感できるはずです。

「まとまった情報がほしい」と思ったことは「ネタ」になる

　情報は「多いか少ないか」という量だけが問題なわけではありません。むしろある程度の情報量があったら、そこから先は「整理されているかどうか」「適切な切り口でまとめられているかどうか」が大事になってくるのです。

　インターネットで何か調べごとをしていて、「これ、どこかで情報まとめてくれていないかなあ」と探した経験をしたことがある人はきっとたくさんいるでしょう。「NAVERまとめ」などソーシャルのまとめサイトにこれだけ需要があるのも、本当に必要な読む価値ある情報だけをフィルタリングする作業が大変だからです。

　もし今後、「情報をまとめたものがほしい」と感じる機会があったら、すかさずメモすることを習慣化しておいてください。いつかそれが、ミニサイトのネタになるかもしれません。

比較検討したことは「ネタ」になる

　洗濯機、掃除機などの家電製品、あるいは資格試験を受けるための通信講座、赤ちゃん用のベビーカー、家族旅行で訪れる旅館などなど、最後にいくつか絞った候補の中から、「AにするかBにするか、はたまたCか」と最終検討を行なうことってよくありますよね。どうにも決めかねた時には「見た目の好み」などで決めることになるのでしょうが、その過程では、さまざまな項目で比較検討をするはずです。そんな比較検討の過程で得られる情報も、アウトプットすれば立派なミニサイトになります。

　最初は、「何を手がかりに検討すればいいのか」と暗中模索するケースもあると思いますが、情報収集するうちに、検討項目や、どういった点に注意して考えればいいのかが少しずつ見えてくるはずです。そうして比較検討し、最終的に決定したあなたが持っている体験は、これから検討しようとしている人にとって価値あるものです。

　「検討する前の何もよくわかっていなかった自分」を想定読者に見立て、親切に手引きをしてあげるコンテンツをつくってみましょう。

見慣れないものがたくさんある場所には「ネタ」がある

　旅先の土地では、たくさんの新鮮な発見があります。といっても、別にそこに珍しいものがゴロゴロしているからではありません。単に自分にとって「初見」であり、「見慣れていないもの」だからです。現地に住んでいる人にとっては、きっと日常のありふれた風景に違いないものが、旅行者にとっては新鮮で刺激的に映るのです。人は、そうした新鮮なものを目にすると頭脳が回転し始めます。

　「これは何だろう？」
　「どう使うんだろう？」

「どんな人が興味を持つんだろう？」

そこから何か、ミニサイトのテーマになるようなアイデアが生まれてくるかもしれません。見たものと直接関連しなくても、派生的にテーマを思いつく場合もあるでしょう。

このように書くと「旅のススメ」のように感じるかもしれませんが、何も週末を使って１泊２日の旅に出るだけが旅ではありません。通勤途中にいつも歩いているバス通りから一歩入った路地を歩いてみてはどうでしょう。会社の窓から見下ろした時に視野に入る、なぜかオフィス街にぽこっと存在する緑地帯、昼休みに散歩がてら行ってみてはどうでしょうか。

よく車で通る橋は、その脇に階段があって降りられるようになっているかもしれません。試しに降りてみたら、そこが遊覧船の発着場所になっているなんてことも……。

私たちが毎日生活している空間は非常に狭く、そして多くの人は常にほぼ同じ限られた空間の中だけで生息しています。でも路地を一本入ったら、あるいは坂を上ってみたら、いつもより一つ手前の駅で電車を降りてみたら……。そこには新しい刺激的な世界が広がっていて、ネタもたくさん転がっているはずです。

転がっているネタに気づいて拾えるようにするためには、視点と習慣を意識して変える必要があります。逆に言えば、視点と習慣を変えることができれば、きっとすぐに気がつくはずです。この世の中には、そして自分の周りには、ミニサイトのネタがたくさん転がっているということに。

ほどよい絞り込みが大事

オンリーワンになれるテーマを探す

「2位じゃだめなんですか？」
——これは2009年の事業仕分けで、次世代スパコンの研究開発費をめぐって審議を担当した議員が放ち話題となった発言です。世の中、順位を競うことに意味がないこともあれば、その順位によっては成果自体がほとんど無意味になってしまうこともあります。また、この議員が問題提起したように、コストパフォーマンスの問題（その1位を得るためにかけて見合うコストはいくらか）もあります。

サイト運営の世界では、検索をした際の結果ページでの並び順は非常に重要です。以前、ある企業がGoogle検索結果の掲載順位と、トラフィックの割合を調査・公開したことがあります。それによると、1位のサイトが34％なのに対し2位が17％と2倍の開きがあり、3位はさらに下がって11％。12位以下は1％未満でした。

ジャンル・キーワードによっても大きく異なるはずなので、このパーセンテージ自体にはさほど意味はありません。ただ、検索結果1位と2位の間だけでもこれだけの差が開きうるという一例は、サイト運営をする身としては非常にシビアな事実です。それゆえ、サイト運営者はSEOの知識を身につけ、なんとか重要な関連キーワードでひとつでも順位を上げようと必死になっているものです。しかし、**ミニサイトでは初期段階で「勝てるテーマ」、つまりオンリーワンになれるテーマを探すことに重点を置くことによって、キーワードで検索される**

順位を競わなくてもいいようにすることが大切です。

絞り込んで他に良質なサイトがない「未開の地」を目指す

　それではオンリーワン、ナンバーワンを狙うためにはどうすればいいのか。より簡単で確実なのは、テーマ選定段階での「絞り込み」です。サイトのテーマを絞り込むことによって、"他の人はまだ手をつけていない"未開の土地、つまり「ブルー・オーシャン」（青い海／対するは血で血を洗う熾烈な競争の「赤い海」）を狙うことです。

　例えば、ある人が自身の最近の体験を元に、こんなテーマのサイトを検討したとしましょう。

テーマ案＝「ダイエット」

　ところが当然のことながら、これは激戦区です。痩せたい人のためのサービスや商品は比較的高額で、一度顧客になると継続利用されるものが多く、粗利率も一般的に高めです。肥満や薄毛、口臭といった悩みを解決する商品・サービスを「コンプレックス商材」などと呼びますが、インターネットを使って情報収集をするユーザ比率も高いため、企業も個人もこぞって参戦し、関連サイトが乱立しています。そのため、普通に「ダイエット体験」をまとめたサイトをつくったところで、検索結果の上位に浮上するのは容易なことではありません。

　そこでまず、「誰のための」情報かという視点で絞り込んでみましょう。太る原因には年齢も大きく絡んでおり、有効なダイエット法には同世代ならではの共通点も少なくありません。

「40代からのダイエット」

　もうちょっと属性を絞ってみましょうか。ライフスタイルによって

最適な方法はやはり変わってくるものです。

「40代会社員のダイエット」

こうターゲットを絞ることで、外食ランチのメニュー選びや、通勤時間を使ったプチ筋トレなどの話をしっかり盛り込む道筋が見えてきます。自分が実践した通勤時間プチ筋トレの話に対する周囲の反応がいいなら、それをテーマに盛り込んでさらなる絞り込みを図ってもいいかもしれません。

「通勤時間でプチ筋トレ！　40代会社員のダイエット」

ちょっとエッジが立ったテーマになってきた気がしませんか？　あともう一歩、何かテーマに魅力を感じてもらえるようなスパイスを加えたい。なんだろう……。

「通勤時間でプチ筋トレ！　40代会社員の戦略的ダイエット」

ちょっと背伸びなのですが、"戦略的"という単語を盛り込んでみました。入れると格好いいかなと思っただけなのですが、テーマに盛り込んだことで、意識も変わってきます。読者に「どこが戦略的なんだよ」と失望させないよう、単なる体験レポートではなく、戦略的なテクニック論としての構成や内容にしたくなってきます。

　ゴール設定や工程表作成、優先順位付け、定期評価など、業務上のマネジメント同様にダイエットを捉えてみるというのも面白そうです。ミニサイトづくりを考え始めたことで、自身の「ダイエット法」までパワーアップ＆洗練されたものになりそうです。

テーマの絞り方の例

> 最近"ひとり飲み"にはまっているから、サイトをつくろうかな?

> ひとり飲みにいい小料理店とか居酒屋を紹介するの?

> うん、でもちょっと多過ぎるかしら……

> いつも行っている新宿近辺に絞ったら?

> それでも多いな。新宿の女性が行きやすいお店にしようかな。

> 興味あるけど勇気がない女性も多いから、初心者向けガイドとかは?

> あ、それいい! そうしたらまずは「女性」「ビギナー」でも入りやすいお店の条件が何か考えてみなくちゃ!

　さあ、それではこれでブルー・オーシャンを狙えるのか、つくったら成功するのかと聞かれたら、私の答えはNOです。恐らく検索したら、同じような切り口のテーマで、非常に役立つ内容のサイトがいくつも出てくるはずです。そもそも、私にとって「戦略的ダイエット」は自信を持って語れるテーマではまったくありません。企画段階や記事作成段階でネタ切れを起こし、中途半端なコンテンツで終わってしまう可能性もあります。

　ミニサイトのテーマに、「ここまで絞れば大丈夫」というものはありません。実際に想定されるキーワード・キーフレーズを検索エンジンに打ち込みながら、「この切り口ならライバル不在だ」という穴場を探してください。また、テーマの絞り込みは大事ですが、忘れてはいけないのは「自分で良質なコンテンツがつくれる」、つまり実力相応なテーマであるということです。

「このテーマならこんな内容」と具体的にイメージできる

　テーマが広すぎては勝てる見込みの薄いテーマになってしまいますが、逆に絞り込みすぎてマニアックになってしまい、人が集まらない可能性もあるでしょう。つまり"ほどよい"絞り込みの見極めが大切なのです。

　また、テーマを絞りすぎてしまうと、内容が非常に限られてしまい、ひとつのサイトをつくるにあたってコンテンツのネタが不足し、無理やり水増しする羽目になります。逆にテーマが広すぎると、「一体どの部分にフォーカスしようか、どうまとめようか」と悩み、特徴のないコンテンツにもなりかねません。「このテーマならこんな内容になる」という具体的なイメージがすぐに浮かぶレベルはどのくらいでしょう。ユーザの立場に立った時、ひとつのサイトとして適度な量のコンテンツ量はどのくらいでしょう。そんなあたりも念頭に、"ほどよい"絞り込み度合いを追求してみてください。

独力で無理なくつくれる範囲で

　個人が独力でサイトをつくる場合には、「身の丈に合った」ボリュームの見極めも大事です。情報収集やページの作成など、無理なくできる範囲はどのくらいでしょう。人によって異なりますが、私の場合、上限30〜50項目（記事数）のことが多いです。

　例えば、成田空港乗継者をターゲットにした、『成田空港周辺スポット案内』では、時間つぶしに最適なスポットを16か所紹介しています。今後、増やしても30か所以内でしょう。『東京ビアガーデン情報館』を最初につくった時、都内の主要ビアガーデン数は30か所くらいで「これなら2年もあれば全制覇できる」と思ったことが、制作を決断する大きな動機になりました。週末など限られた時間でサイト制作する人なら、そのサイト制作に投じることができる時間から逆算する

こともできるはずです。

自分以外にもニーズがある友人知人の顔が思い浮かぶ

　テーマがあまりにニッチ過ぎるのも問題です。自分自身にとってニーズや興味がある内容であることが大前提ですが、それ以外にも友人や知人でどのくらいの人が「読んでみたい」「これは役立つ」と思ってくれそうかを考えてみましょう。Facebookなどで実際に「こんなテーマのサイトどう？」と投げてみてもいいかもしれません。中には関連トピックスを出してきて、「これだったら興味ある」と言ってくる人もいるでしょう。絞るだけでなく、時にはもう一度膨らませたりもしながら、最適な絞り度を探っていきましょう。

テーマを発掘＆テーマ絞り込み

テーマを どう発掘する？	テーマを どう絞り込む？
最近ネットで情報収集した経験、できれば時間がかかったもの	テーマに地理的要素を掛け合わせる（キューバの……）
SNSや知識共有サイトでよく質問され、回答・アドバイスが多いもの	想定訪問者（ターゲット）の属性で絞る（……な人のための）
友人・知人に話すと反応がいい体験・エピソード	目的、手段、価格などをプラスして絞り込む（検索エンジン活用）
既存ブログ・サイトでアクセスが集中している記事・カテゴリ	ネタ案一覧をSNSで投げ、反応がいいものを探る

「掛け算」でテーマ絞り込み

要素を掛け合わせてテーマを絞り込んでみよう

　テーマの絞り込みは、単に「オンリーワン」となるテーマを探すためだけではありません。その後の制作・運営に必要な、サイトの「軸」「核（コア）」となる部分を見定める大事な過程でもあります。

　また、人は往々にして、いいアイデアに出会うと盲目的になり、「これしかない」「これが最高」「他はダメ」と思い込んでしまいます。結果、独りよがりのサイト制作に没入してしまう可能性があります。

　そうではなく、**最初に思いついたテーマを中心に他の可能性を探っていくことで、新たな発見や、気づいていなかったもともとのテーマの魅力・価値を知ることもあります。**

　具体的には、オーソドックスな方法ですが他の要素を掛けて絞り込む方法があります。テーマによって掛け合わせることができる要素は異なりますが、例えば次のようなものです。

- エリア要素を掛け合わせる
- シチュエーション＆目的を掛け合わせる
- 想定ユーザの属性（性別・年齢など）を掛け合わせる
- 時期・時間帯・期間などを掛け合わせる
- 金額を掛け合わせる

エリア要素を掛け合わせる

　グルメ・趣味などに関連したテーマなら、「エリア要素」を掛け合わせて絞り込むというのは、定番パターンと言えるでしょう。ただ「エリア要素」もいろいろです。その引き出しを増やしておくと、掛け合わせ候補のバリエーションも広がりますし、今後サイトコンテンツを具体的に検討する段階で、エリア別のカテゴリを作成することにも役立ちます。

▶例：バーベキュー場

　最近都市部を中心に、バーベキュー場が増えているようです。仲間内でもバーベキューを楽しむ機会が増え、これから本格的にやりたいと思って道具を買い足している最中なので、バーベキューに関連したミニサイトをつくりたいなと、ある東京在住の人が思ったと仮定します。

- 東京の○○○
- 奥多摩エリアの○○○
- 山手線内の○○○
- 駅から徒歩10分以内の／駅直結の○○○
- 海が目の前に見えるベイエリアの○○○
- 展望抜群！　高い場所にある○○○
- ビーチに河川敷！　自然の中の○○○

　このあたりは、旅行雑誌やタウン誌、住宅情報誌などの目次を眺めているだけでも参考になるものです。もし、「そういう切り口があったのか！」というものがあれば、忘れないようメモしておくといいかもしれません。

シチュエーション＆目的を掛け合わせる

　情報発信をするにあたって、どんな目的・ニーズを抱えた人向けの情報なのかを意識することは非常に重要です。ニーズの背景には、その人が置かれている状態・抱えている課題があります。

　誰にとっても役立つ内容にすることを目指すよりは、先に「誰にとって役立つサイトか」を明確にすることで、それに合致した人がやってきます。確実に満足してくれるコンテンツをつくり込むことが、ミニサイトならではの「満足度向上」方法です。

▶例：中国語

　仕事での必要に迫られて中国語の勉強を始め、はや５年。そこそこ使えるようになり、周囲の人からも勉強法や役立つ関連書籍・サイトなどの質問を受けることが増えたので、初心者向けの中国語学習法紹介ミニサイトをつくることに。

- 超入門！　接客に最低限必要な中国語
- 中国赴任直前１か月で中国語スキルを上げる最短勉強法
- 知識０でも中国語でやりとり〜中国語翻訳＆文例集サイトいろいろ
- タオバオを活用したい人のための入門中国語
- 通勤途中"だけ"でマスター！　ビジネスパーソン最短中国語学習法
- デートで使える中国語のひとこと

　自分自身が中国語を学び始めた時、何が目的だったのか、どんなニーズがあったのか、抱えていた課題は何だったのか、これまで受けた相談の中で「何のために」勉強したいという人がいたか、どんな状況で必要に迫られたのか……。可能な限り思い出して書き出してみると、組み合わせられる要素がいくつも浮かび上がってくるはずです。それ

らの中から、自分の知識・経験・実力で良質なサイトがつくれるテーマはどれなのか、つくればきっと誰かの役に立つサイトはどれなのかを考えてみましょう。

想定ユーザの属性（性別・年齢など）を掛け合わせる

　人の属性は、驚くほど多様です。まず、年齢（世代）、男女、独身・既婚、身長・体形あたりはすぐに思いつく属性でしょう。さらに子持ちかどうか、学生か社会人か、若手社員かベテランか管理職かといったあたりも属性ですし、社交的なのか忘れっぽいのかなどという性格や傾向も人の属性のひとつと言えます。

　マーケティングにおいて、「ペルソナの設定」という工程が登場します。自社の商品やサービスを開発・販売するにあたって、そもそもそのターゲットとなるユーザはどういう人なのか、抱えているニーズや悩みは何なのかなどをより具体的に理解します。かつメンバー間で共有するために、架空の人物像をつくり上げ、その家族構成やライフスタイル、ニーズや悩みなどを具体的に設定していくというものです。

　これはサイト構築においても有効な手法で、企業がビジネスとしてサイト構築をする時だけでなく、個人が趣味・ライフワーク・副業の手段としてミニサイトをつくる場合にも試す価値のある作業です。

- アラフォー女子の○○○
- 子育てママのための○○○
- おひとりさま○○○
- 冷え性さんのための○○○

　最後の「冷え性さんのための○○○」は、属性での絞り込みでもありますが、同時に「冷え性をなんとかしたい」というニーズによる絞り込みとも言えます。

ちなみに、書いておきながらなんですが、あまり安易に性別・年代でテーマを絞り込むことは推奨しません。「女性のための」と定義することは、世の中の半分の男性を切り捨てることであり、「アラフォーの」とつければ、アラフォー以外のすべての世代の人たちは、検索結果に登場してもクリックをしてくれなくなるでしょう。

　実際、ファッションや美容、身体のことなど一部のことを除けば、多くの情報カテゴリは性別年齢でキッパリとニーズが分かれるわけでもありません。今後もその傾向はどんどん強まっていくでしょう。スイーツ男子もいれば、女性も筋トレに燃える時代です。むしろ「40代女性の自分の体験談が、まったく違う世代の人のニーズにマッチした」ということも多く、そこにニッチテーマのミニサイトの面白さを感じたりもします。

時期・時間帯・期間などを掛け合わせる

　以前実施したミニサイトづくりワークショップで、「夏」に絞って、赤ちゃんとの外出ノウハウを紹介するミニサイトをつくった人がいました。初めての子育てではわからないことだらけ。そして、夏には夏の、冬には冬の気をつけなくてはいけないポイントがたくさんあります。経験からそのことをよく理解している、ママならではのテーマ絞り込みと言えます。

- 四季
- １年の中の特定の時期（梅雨、ゴールデンウィークなど）
- 平日／週末
- １週間でできる◯◯◯
- ３か月◯◯◯
- 朝活！　出社前に◯◯◯

私自身、夏季限定更新の『東京ビアガーデン情報館』、冬季限定の『東京かき小屋情報館』というサイトを運営していますが、特定の時期や季節と結びついたサイトの運営は、毎年の季節恒例行事のようでもあり、メリハリがあって楽しいものです。

　また、一般的に「夏にやるもの」と思われがちなキャンプを、あえて「冬」と組み合わせてコンテンツをつくることで、他にはない意外性のあるユニークなコンテンツをつくることもできるでしょう。

　「1週間でできる」「3か月マスター」といった期間区切りのコンテンツも導入編として取っかかりやすく、また期間で区切ることでコンテンツ内容も難易度もある程度決まってくるので、悩まずつくれるというメリットがあります。

金額を掛け合わせる

　雑誌の特集タイトルには、ミニサイトのテーマ探しのヒントになるノウハウがぎっしり詰まっています。企画として面白いというだけでなく、衝動的に雑誌を読みたくなる・買いたくなるといった「ツボ」を突く要素も盛り込まれているので、電車通勤の人は吊り広告を見上げて"研究"してみてください。女性ファッション誌、グルメ関連、アスリート系など、普段興味がない雑誌の特集タイトルを眺めているだけでもきっと気づきがたくさんあるはずです。

　例えば、「金額」もそのひとつでしょう。「格安」「激安」「リーズナブル」といった単語がもちろん多いのですが、より具体性を出すならやはり数字が重要です。旅行雑誌・ファッション誌などを見れば「1泊1万円以下の穴場温泉宿」「5,000円以下のプチプラお呼ばれドレス」「3,000円以下で満腹！　食べ放題の店」といったような特集が組まれています。

　金額と掛け合わせることができるのは、何もホテルやファッション、グルメだけではありません。例えば「1万円」という金額で、どんな

コンテンツが考えられるでしょう。

・たった1万円で効果大！　部屋のイメチェンアイテム
・1万円以下でストレス発散〜都内おひとりさまエンジョイスポット
・往復1万円の交通費で都内からこんなところまで旅行できちゃう！

　私は、『3,500円以下で泊まる！　東京の格安ホテル』というミニサイトを運営しています。「東京の格安ホテル」を紹介するサイトがひしめき合う中、具体的な金額を入れたことで注目度が上がり、短期で急激にアクセス数を伸ばしたという経緯があります。

3,500円以下で泊まる！　東京の格安ホテル

http://hotelreport.seesaa.net/

　金額というのは、商品・サービスに関連するサイトをつくる場合には有力な掛け合わせ要素となり、かつサイト名にそれを盛り込むこと

で説得力とインパクトが加わります。ぜひ頭の片隅に入れておいてください。

＋　＋　＋

他にも掛け合わせることで、テーマの有効な絞り込みとなり、エッジの立った面白い内容になる、そんな要素はいろいろあります。頭の中で考えているだけではなかなか発想が広がらない場合には、次のような展開をしてみてください。そこで何かヒントが拾えるかもしれません。

「掛け算」で絞り込む一例

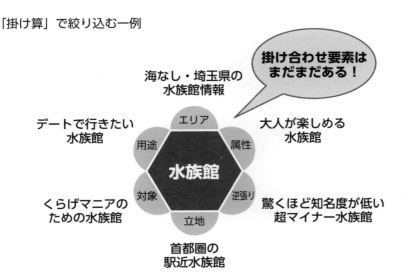

書き出すことで"組み合わせ"やすくなる

アイデアを形にしたり、考えを整理したりするためのメソッド・フレームワークは、ミニサイトのテーマ探しでも活用できます。特に大きな効果があるのが「書き出す」ということです。頭の中でいくら考

えても、なかなか先に進まないことがあります。そんな時は、**頭の中にあるものを一度、目の前の紙に全部書き出して、「アイデアの棚卸し」をしてみましょう。**

　いいアイデアを思いついても、多忙な日常生活の中でぽろぽろと記憶からこぼれおちてしまうものです。それは仕方のないことだと割り切って、「書き出す習慣」を早めに定着させていってください。書き出せば頭の中にストックしておく必要も、霞がかった記憶の中を手探りする必要もないので、効率がいいだけでなく、実はとても"楽"なのです。

　書き出し方は自由です。例えばこんなものはどうでしょう。まず主となるテーマを中央に書きます。目立つよう色付きマジックで書いたり、囲んだりしてもいいでしょう。そのまわりに、関連するキーワードをどんどん書き出していきます。書き出したキーワードからさらに派生したキーワードを書いていってもいいでしょう。その関係がわかりやすいよう、線でつないでいくといいかもしれません。

　「独身女性」「休暇が限られてる」「〇〇に興味あり」など想定ターゲット像を書き込むのもいいと思います。そう、いわゆる「アイデアツリー」や「マインドマップ」などと呼ばれるものが出来上がるはずです。

　もちろん紙とペンでなくパソコンやスマホでもいいですし、ツリー・マップ形式が苦手なら、箇条書きでどんどんメモしていく方法でもいいでしょう。

テーマが決まったら「企画書」をつくろう

企画にあたって意識したいポイント３つ

　さんざん悩んでやっと絞り込んで決めたミニサイトのテーマ。きっと今、そのテーマがあなたの頭の中でダイヤモンドのように輝いていることでしょう。将来どんなサイトに育つか、どれだけの人に見て役立ててもらえるか、夢と期待でいっぱいのはずです。

「時は金なり。鉄は熱いうちに打て！」
「さっそく制作開始だ！」

　こう走り出したい気持ちはわかりますが、ちょっと待ってください。あなたの頭の中にあるのは、ダイヤモンドはダイヤモンドでも、まだ「原石」です。カットの仕方を間違えれば、価値は激減してしまいます。どんなデザインにするのか、研磨には何を使うのか、最終的にどんな作品に仕上げたいのか、まずは机上での設計が必要です。
　ミニサイトにおいては「企画に落とし込む」という作業が必要です。決めたテーマをさらに揉んで、より具体的に「どんなミニサイトをつくるのか」、これを明確にしていく工程です。ミニサイトの肝は「訪問者がぱっと見で全体を把握できる」といったわかりやすさです。そのためにも設計図が必要なのです。企画作成のポイントは３つあります。

① ミニサイトの全体像を明確にする
②「テーマ」の先にいる「想定ユーザ」を意識

③最後まで「つくり切る」ためのタスク管理

❶ミニサイトの全体像を明確にする

　ブログとミニサイトの制作過程で大きく異なるのがこの部分です。ブログの場合、一般的にテーマが決まればすぐ「制作」に着手することが多いと思います。どのブログシステムを利用するかを検討し、ログインして初期設定画面を開きながら、ブログ名を考え、まずは自己紹介やブログ説明の記事などを書きます。カテゴリも、今後書いていくつもりの記事を想像しながら、まずは適当にざっくりいくつか作成することでしょう。

「走りながら考える」
「記事を書き溜めながらじわじわつくり込んでいく」

　これがブログならではの制作過程かもしれません。特に「ここまでつくって完結」というものが存在しないブログの場合、最初からかっちり何を書くか、どんなブログにするかとレールを決めてしまうのではなく、なるべく自由なスタイルでたくさんアウトプットをし、その中で方向性を探っていくという方法が向いていると思います。
　一方でミニサイトは、いわば1冊の単行本のようなもの。しかも、さくっと読んで理解できるコンパクトサイズである必要があります。
　つくり手自身がゴールも見えず、全体像も不鮮明なまま制作に着手してしまえば、それは設計図のない家づくりのようなものです。無駄に肥大化させ、結果いつまで経っても完成の目処がつかなくなる事態を防ぐためにも、**最初にサイト構成やデザイン、作成するコンテンツの一覧や、できればスケジュールまでを含む「ミニサイト企画書」**をつくりましょう。

❷「テーマ」の先にいる「想定ユーザ」を意識

　最初に企画を練って、どんなミニサイトをつくるのか自問自答することは非常に重要です。

　私の話になりますが、インターネット業界に転職し、個人的にもサイトづくりを始めてから17年が経ちます。その間、さまざまなテーマのサイトをつくり続け、時に失敗し、時に予想以上の成功を収めてきました。その中で痛切に感じるのは、「こんなテーマでこんな感じのサイトをつくりたい」と外観イメージだけを抱いてつくり始めたサイトは、見た目的にそれっぽく仕上がってもそこから成長を遂げることなく、いつか運営者自体も飽きてしまい放置状態になることが多いということです。一方で、**最初にきちんとどんなニーズを抱えたどういう人を対象に、どんな情報を発信していくのか、自分なりに考え、仮説を立ててつくり込みをしていったサイトは、地味であってもじわじわアクセスが伸びます。**

　サイトづくりで本当に大事なのは、「その情報を必要としている"人"」に、より意識を向け、その人たちがどんな情報を必要としているのかをしっかり考え、調べることなのです。当然といえば当然で、マーケティングでも「ニーズ分析」の重要性は耳が痛くなるほど語られています。しかし、実際にサイトづくりをするとわかります。ついそこがおろそかになってしまい……

「このテーマならカテゴリはこんな感じだろう」
「○○についてのサイトだから記事内容はこういう感じだろう」
「カテゴリ数このくらいなら、トップページのレイアウトはこんなもんだろう」
「○○を紹介するなら、項目はこれでいいだろう」

　このように、自分の理想の範囲内で「テーマ」を安易に展開した内

容になってしまいがちになります。実際自分がミニサイトをつくっている最中も、たびたびこうした方向に流れます。結果、「それっぽいサイト」には到達するものの、訪問者に「こんなサイトを探していた！」という感動を与えるサイトには育たず終わってしまうのです。

　そうならないためには、やはり最初に「想定ユーザ」がどんな人なのか、しっかりそのニーズや抱えている課題・悩み、情報を必要とするのがどんなタイミングで、どういったシチュエーションの時が考えられるかなど、自分で考えるだけではなく、周囲の人にもヒアリングしながら、しっかり情報収集・把握・理解しておく必要があるのです。

❸最後まで「つくり切る」ためのタスク管理

　私は最初の段階で、作成すべき記事（コンテンツ）の一覧をすべて書き出します。余力があれば、それぞれの概要も短文で書き添えます。そして不足しているものがないかどうか、重複している内容がないか、分割したり統合したりしたほうがいいものがないかなど、その一覧を見ながら精査します。

　こうした記事（コンテンツ）一覧を最初につくるのは、もちろん必要な記事を漏れなく作成する一方で、肥大化してしまうのを防ぐためです。同時に、自分自身の「タスク管理」のためでもあります。そのため制作段階では、この一覧を元に、どこまで作成し、あとどのくらい未作成の記事が残っているのかも管理します。タスク管理を徹底する時にはExcelで記事一覧を作成し、進捗状況をパーセンテージで把握できるようにもします（コンテンツ設計　カテゴリ＆記事一覧作成の項で具体例を紹介しています）。

「そんなタスク管理、まるで仕事みたいで嫌だなあ」
「ひとり作業なんだからもっと自由でいいのでは？」

こう思うかもしれません。でも私はこう考えます。**仕事ではないから、そしてひとり作業だからこそ「タスク管理」が必要**なのだと。多くの人が、個人でサイトをつくろうとしても、制作途中で根気が続かずやめてしまいます。その大きな要因は「単独作業」であること、そして「先が見えない」もどかしさによるものです。正直なところ、チームで仕事をしている場合は何らかの締め切りが設定されることが多いですし、他人の目もあるのでタスク管理が甘くても何とかなるものです。

ところが、単独で、かつ仕事とは別に取り組むこうしたミニサイトづくりでは、予定通り作業できていなくてもそれを指摘してくれる人はいません。そんな中で地道なつくり込み作業をするのは、なかなかの精神力が求められます。

企画を最初にしっかりつくることは、ミニサイトのゴールだけでなく、そこに至る道のりと作業量も可視化して、それによって進捗状況を把握し、モチベーション低下を防ぐことにもつながります。

ミニサイトづくりにおいてタスク管理が重要なもうひとつの理由は、「作業時間の見積もり」です。サイト制作を断念する人の多くが、「時間がない」ことをその原因に挙げています。日々の中でサイト制作にまわせる時間は当然限られますが、「ない」わけではなく「ある」のです。時間がないのではなく、「何時間ミニサイト制作にまわせるか」という"持ち時間"の読みと、実際にこのサイトをつくるのに何時間かかるかという"工数"の見積もりのどちらか、あるいは両方が甘かったということなのです。

時間は有限です。その時間内でつくることができる作業量のサイトかどうかをしっかり見極め、必要であればさらに規模を縮小するなどして、無理のない制作スケジュールを組むためにも、最初の企画は欠かせません。

ミニサイト企画ってどんなもの？

まずは「なんちゃって企画書」をつくってみよう

　それではさっそく企画書をつくってみましょう……というと、ちょっと肩に力が入ってしまうかもしれない人は、「なんちゃって企画書」をつくりましょう。誰に見せるわけでもなければ、難しい言葉を並べる必要もありません。要は自分が今からどんなミニサイトをつくるのか、自分自身でしっかり把握できればいいので、フォーマットも自由です。

「なんちゃって企画書」の一例

とは言え、何かサンプルがあったほうがいいと思うので、ここから先は次ページのフォーマットを使って説明していきます。

これはあくまで一例です。私自身も、つくるミニサイトごとにどういった項目について考えまとめるかは変えています。ただ、ここに挙げた例はどのようなカテゴリのサイトをつくるときにも比較的共通する項目が多いものなので、ひとつの「ベース」として参考にしてください。

それでは、項目をひとつずつ見ていきましょう。

①「サイト名」はシンプルでわかりやすく

まずはサイト名です。最終的に決まったサイト名だけでなく、考案過程で上がってきたボツ案もメモしておくと、後でコンテンツを検討する際のヒントになります。例えば、最終的にサイト名には盛り込まなかったものの、重要だと思われるキーワードなどは、後々サイト内で特集を組む際のタイトルに使うことができます。また、ショルダーコピーを考える際に出番が登場するかもしれません。ボツ案は「なぜ最終的にこのサイト名にしたのか」を思い出す手がかりにもなります。

ミニサイトのサイト名に「こうしなくてはいけない」という王道はありませんが、個人的には毎回次のような感じで決めています。

- ストレートなサイト名……サイト名だけ見れば初訪問者でも「どんな内容のサイトか」を容易に想像できる
- 長くし過ぎない……長くなりそうな場合は「ショルダーコピー＋サイト名」的な構成にし、後半だけでも成り立つようにする
- ひねりすぎない……ブログと違ってリピーターを前提にしていないため、それほど個性的・エッジが立ったものにする必要はなく、むしろ無難すぎる名前で安心・信頼してもらうほうがいい

ミニサイト企画書の例

WEBサイト構築プラン　　2014/06/08 Vol.01

① **サイト名**
東京個人旅行攻略〜泊る・遊ぶ・食べる　格安旅行ガイド
东京自助游攻略〜住・玩・吃　最便宜旅游方式（仮）

② **ショート説明**
エキサイティングな街、東京。個人旅行で東京を訪れる中国人旅行者が、もっとリーズナブルに、そしてもっとリアルに東京を"体感""満喫"するための旅テクニックと情報を発信します！格安ホテルや無料で楽しめるスポット、お得なチケットの買い方、クーポン活用法、他の観光地への格安交通手段など。

③ **サイトコンセプト**
日本とくに東京を訪れる中国人の数は年々増えており、特にここ数年はツアーではなく個人旅行でまわる若い人も増えている。一方日本の情報サイトで中国語対応しているものは非常に限られており、とくに「格安で旅する方法」をテーマにした東京旅行ガイドはあまりなく、中国の知識共有サイト等での情報交換が主となっている。「東京を安く楽しむ旅行テク」を中国語で発信することで、より多くの若い人にもっと気軽に日本を訪れてもらい、そのリアルな姿を体感してほしい。

④ **想定訪問者**
・日本に興味があり、ツアーではなく個人での旅行を計画している人
・中国人留学生で、休みを利用して東京に旅行しようとしている人
・限られた予算でできるだけ長期間滞在したいと思っている人

⑤ **サイトの形式／内容／集客 他**
《サイトの形式》.comドメインをとりMTで構築。ただそれだけだと中国国内から探しにくいので、同テーマの博客（ブログ）＆微博（Twitter的なもの）を作り、連携させる予定。

《主な内容》「宿泊」「観光」「体験」「飲食」「交通」「その他」の6カテゴリにわけ、それぞれ5〜10記事くらい。ゲストハウス一覧や駅にあるクーポン雑誌の使い方、無料で楽しめるスポット、他都市に行く格安高速バス紹介、その他「忍者になって写真」「外国人のための料理教室」など体験企画の案内など。中国語版もあるお役立ちサイトのリンク集作成も行う。

《集客》同テーマの新浪博客・微博を立ち上げ、情報サイトに掲載している内容のさわり部分を流し、そこから情報サイトのほうに誘導する形で集客を行う。またコミュニティやQ&Aサイトも多いので、そうしたところで東京旅行に関する質問が投げられているのを見つけたら情報提供をしてゆく。

BIRDHOU

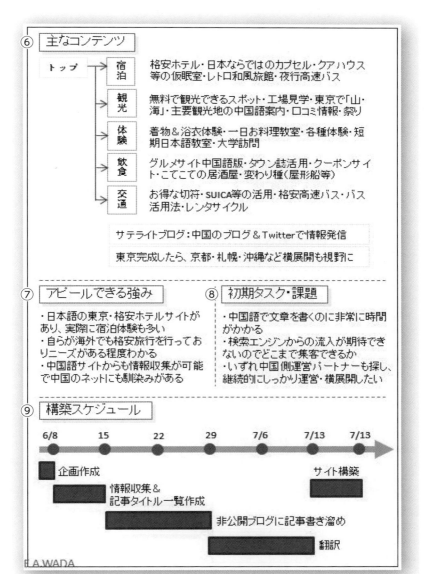

結果、私が名付けるサイト名は『島マラソン情報館』『ロフトベッド購入ナビ』といった、誰でもすぐに思いつきそうな平凡なものがほとんどです。また、分割して使うこともあるのは『3,500円以下で泊まる！　東京の格安ホテル』などです。一応これ全体でサイト名なのですが、場合によって『東京の格安ホテル』だけで使うこともあります。
　今後もいくつかミニサイトをつくっていく予定なら、「横展開しやすい」サイト名を考えてみるのもありかと思います。
　サイト名については、SEO的観点から「こうでなくてはいけない」といった話もいろいろ出回っていますが、あまり縛られないほうがいいと思います。検索結果で、初めてそのサイト名を見た訪問ユーザがどう認知するかが重要ですし、サイト名とコンテンツが一致していなければ、訪れたユーザを失望させることになります。サイト訪問率を高めるためだけにそうしたサイト名をつけることは、訪問ユーザに対する裏切り行為と言えますし、本来のSEOから見ても邪道です。

②「説明文」はコアとなる要素を短めの単語で表現

　企画書作成の中で重きを置くべき場所が、この説明文です。私が過去に開催したミニサイトづくりワークショップでは、最初の1週間で各自が企画を考え、週末にメンバー全員が参加して実施するミーティングで「サイト名と140文字前後の説明文」を発表する時間を設けました。
　この「140文字前後の説明文」を用意するというのは、やってみるとわかるのですが、案外難しいものです。短いものなら「東京都内のビアガーデンを紹介するサイト」だけで済みます。いくら長くしてもいいというなら、どういったコンテンツを掲載していくかなどを含め、思いつく限りのことを書けばいいでしょう。ところが、100〜150文字にまとめるというのはけっこう頭を使う作業なのです。どんな人に向

け、どういった情報を発信していくのか。「コア（核）」となる要素を見極めて、それをなるべく短めの単語で表現しなくてはいけないからです。

③サイトづくりの初心「サイトコンセプト（バックグラウンド）」

　なぜ、そのテーマでミニサイトをつくることにしたのか。どういったニーズがあると想定しているのか。そして、このミニサイトをつくることで、どんなメリットをユーザに提供できるのか、あるいは提供したいのか。テーマを決める過程で何度も探った部分だと思いますが、いざつくり始めてしまうと徐々に記憶から消えてしまうものです。

　よく、「初心に立ち戻って決意を新たにする」などと言いますが、ミニサイトづくりでも「一体何のために自分はこのサイトをつくっているんだろう」と迷いが生じた際には、このミニサイトをつくろうと思い立ったきっかけや現状認識、ミッションなどがきっと支えになるはずです。

　「なんとなくつくってみたら面白そうだと思って」

　こういう感じで始めた人もいるでしょう。それでもいいのです。ただ、そこで立ち止まらず、そんな自分のちょっとした思いつきや興味・好奇心が、他の人にとって少しでも何か利便性・気づき・時間節約・知識獲得といったメリットにつながらないかどうか、考えてみてください。そして、できればそれを短文でも箇条書きでもいいので、文章で書き出してみてください。

　人がいて、情報があり、その人がその情報を別の人たちに伝えれば「情報発信」というアクションは成立します。そして、その情報発信をする人が「なんのために」やるのか、しっかり背景と意義を認識した時、サイト上のコンテンツにはより大きな付加価値が生まれるはず

です。

④「想定訪問者」は3つのシーンを想定する

　想定訪問者の属性とニーズ、そして利用シチュエーションの3つを考えます。どういった人を対象としたサイトなのか。どういったニーズや課題を抱えている人に使ってもらい、メリット・価値を感じてもらえるサイトをつくりたいのか。そしてその人は、いつどんなシチュエーションでその情報を必要とするのか。全部でなくてもいいので考えてみてください。

　もちろん、すべて「想定」にすぎません。しかし、これなしでは、この後の具体的なコンテンツ作成計画も、カテゴリ設定も、トップページにコンテンツをどう配置すべきかといったデザインも、文章のトーンや長さも決めることはできません。なぜなら「指針」となるものがなくなってしまうからです。

　想定訪問者像を1つに絞り込む必要はありません。3つ4つ、あるいはそれ以上でもいいので、まずは書き出してみてください。そして統合できるものは統合し、その後に優先順位をつけてみましょう。余裕があれば身近な友人・同僚・親戚などの中から、その想定訪問者像に最もマッチした人を思い浮かべ、名前をメモしておくのもいいと思います。

⑤どうやってつくるかを検討する「サイトの形式・概要」

　ここからは、ミニサイト制作の具体的作業の準備となる部分です。ミニサイトづくりがまったく初めてという場合には、ここはちょっと調べることが多く大変かもしれません。まずは「どうつくるか」を検討しましょう。選択肢はいろいろあります。「ライブドアブログ」などの無料ブログサービス、無料ホームページ作成ツールも今は数多く

あり、HTML知識ゼロでも、洗練された高機能のホームページをつくることができます。独自ドメイン（http://で始まるインターネット上のアドレス）を取得し、レンタルサーバーを借りて、WordPress（ワードプレス）やMovable Type（ムーバブルタイプ）といったブログツールでサイト構築をすることもできます。もちろんHTML知識がある人なら、一からコーディングしてサイトをつくってもいいでしょう。

　私自身は、「レンタルサーバー＋Movable Type」で、複数の独自ドメインを取得してミニサイトをつくっていますが、同時に無料ブログサービスも利用していますし、いくつかはWordPress構築です。方法はいろいろあります（ライブドアブログの設定方法は118ページから、WordPressの設定方法は134ページから解説していきます）。

　どういったタイプ・テイストのコンテンツにするかも決める必要があります。体験談・レビューを主軸に据えたものか、データ・情報を見やすく整理したものか、あるいは比較コンテンツがメインのものか、ノウハウものか。それが決まれば、コンテンツのボリュームなども見えてくるでしょう。

　つくり始めてから「これはどうしよう」と悩んだり、あまり何も考えず進めてしまった結果、途中で方向性にブレが生じてしまったり、テーマや想定訪問者ニーズとコンテンツの間にかい離・矛盾が発生してしまったりすることもあります。なるべくそうならないよう、検討が必要なものは冒頭で詳細を詰めておくと無駄もないですし、首尾一貫したものとなってきます。

⑥本の目次に該当する「コンテンツ」

　実際のコンテンツ構成を考えていきます。本や論文では「章立て」「目次」とも言います。この進め方もいろいろありますが、私は企画段階ではざっくりとカテゴリだけを決めます。

そして企画書作成が終わった段階で、カテゴリについては再度練り直し、その後それぞれのカテゴリにどんな記事を作成するか、見出しを書き並べていきます（コンテンツ構成の例は90ページから説明します）。コンテンツのボリュームがある程度多い場合には、ここで作成したコンテンツ案をその後の進捗管理でも使えるよう、記事タイトル一覧をExcelで作成します（106ページで事例を解説します）。もちろんメモ帳などのテキストエディタでもいいですし、紙に手書きでもかまいません。大き目のポストイットなどの付箋紙を用意し、それに書き込んで整理するのもありでしょう。やりやすい方法を模索してみてください。

⑦自分こそが語れる「管理人の強み」

　これからつくろうとしているミニサイトのテーマについて、あなたは「専門家」ではないかもしれません。また「飛びぬけて知識・経験を有している」わけでもなく、同じようなレベルの人は他にもたくさんいることでしょう。でも、だからと言って「私にしかつくれないオリジナルのコンテンツなんてない」と結論付けてはいけません。

　テーマ探しのところでしつこく書きましたが、初心者は初心者ならではの新鮮な目線や取り組み姿勢、疑問、苦戦体験があり、また現在進行中で取り組んでいる人にはその人ならではのライブ感ある体験があります。地元の人ではないからこそ、その土地特有の面白さを発見できることもありますし、リピートユーザではないからこそ率直な描写が可能だったりもします。背が高い人には高い人の、低い人には低い人の強みがある……強みとはそういうものだと思います。

　ただその強みは、本人が認めてこそ最大限発揮されるものです。

　「このテーマのミニサイトを自分が管理人としてつくるにあたり、自分には一体どんな強みがあるのか」

まずは考えて、照れずに書き出してみてください。些細なものでもいいのです。

- 暇な部署に配属されてしまい週の半分は定時退社できるから、帰途に「○○巡り」ができる
- 買い物の前にじっくり時間をかけて商品の比較検討をしまくる性格
- ここ１年の間に○○箇所の○○を訪れており、写真もばっちり撮っている
- 食べ盛りの子ども３人を育てている最中で、毎日「○○三昧」の日
- 周囲にフリーランスの友人が多く、「○○体験談」をたくさん教えてもらえる

強みになるかどうか微妙なことも書き出して、「自分こそがこのミニサイトづくりにふさわしい」と、自信と誇りを持って取り組めるようにしましょう。

⑧「タスク・課題」はほどよい達成感を感じられるものに

　自身の「強み」を把握したところで、逆も押さえておきましょう。今後想定されるやや難易度の高いタスク、そして解決すべき課題です。コンテンツ構成も具体的に検討し、どういったコンテンツをどうつくればいいかが見えてくると、その中で自分にとって少々ハードルが高いと思われる作業や、現時点で最適な方法が見つかっていない事項なども見えてくるはずです。例えば……

- Googleの地図を緯度経度指定でコンテンツ内に埋め込みたい→方法を調べる
- ○○に取材をしたい→どうコンタクトを取ればいいか
- スマホからの閲覧が多いと思われる→スマホ対応を検討

たまに背伸びしすぎてタスク・課題だらけになってしまう人もいますが、それだと解決に手こずってしまい、ミニサイトづくり自体が停滞してしまいます。ミニサイトづくりを契機に新しい挑戦をしたり、スキルを習得したりするのは非常にいいことだと思いますが、あまり欲張りすぎ・盛り込みすぎるとすべてが中途半端になってしまいます。

　完成させてこそのミニサイトづくりです。**実現・解決への道筋すら見えないようなタスク・課題を盛り込みまくることはやめ、ほどよい達成感を感じられるくらいの難易度に留めましょう。** もし、あまりに多くのタスク・課題が出てきてしまうようだったら、もう一度「本当にそのミニサイトは自分につくれるのかどうか」「身の丈を越えすぎていないか」といった再検討が必要です。

⑨サイトづくりの時間管理をする「スケジュール」

　週末や平日夜の空き時間を使ってのミニサイトづくりでは、なかなか思うように作業は進まないでしょう。だからと言ってスケジュールも立てずに作業をすれば、いつまで経っても完成には至りません。やはり、ここは意識して「ミニサイトづくりのための時間」を捻出・確保せねばなりません。

　まずは時間の「在庫」確認からです。1日24時間、1週間は7日間、そして1か月は28〜31日間です。その中で、あなたがミニサイトづくりにあてられる時間は週単位、月単位では何時間あるでしょうか。まずはそれを計算してみてください。今はスマホでもサクサク文章入力ができる時代です。電車通勤途中になんとなくゲームをして往復2時間を過ごしていたという人は、その時間を記事の下書きに使ってみたらどうでしょうか。もし、飲食店や街中の何かの"取材"が必要なミニサイトならば、週に2回ほど会社帰りにちょっと寄り道してみるという計画もいいでしょう。土日は仕事が休みという人であれば、どの

くらいミニサイトづくりに使えるかを考えてみましょう。

　週末の予定もある程度は見えていると思うので、直近２か月くらいの期間であれば一体何時間、ミニサイトづくりの作業に投じることができるかといった計算ができるはずです。そうしたら次はその範囲内で、どの作業を何時間くらいかけて、いつからいつまでにやるか、割り振っていきます。私は、以下のようなイメージを手帳のスケジュール欄に書き込んだりしています。

『東京個人旅行攻略』のスケジュールの例（中国語翻訳あり）

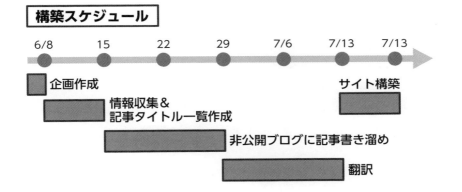

　このスケジュール表があるだけで、作業効率は上がり、「気づいたら何週間も放置してしまった！」といった事態を防ぐことができます。もし誰か、同時期に同じように目標を決めてサイトづくりする仲間がいれば、お互いにこのスケジュールを交換しておき、週一で報告チャットをするというのもいいでしょう。人は怠惰な生き物で、ついさぼってしまうもの。それを回避するためには、「見える化」と「誰か外部の人の目」を入れるのがいちばんなのです。

⑩季節やイベントを意識した「集客プラン」

　完成してもすぐに人がどんどんやってくるものではないのは、ミニサイトもブログも同じです。ある程度時間が経過し、検索エンジンの検索結果でも上位に浮上してくるまでは、毎日1〜2桁アクセスといったこともざらにあります。

　私自身は、つくってすぐ集客のための施策を打つようなことはせず、しばらくは「熟成期間」と称して放置することが多いです。そのため、実をいうと企画段階でガッツリ集客プランを考えていたりはしません。ただ、もし何か思いついたことがあれば、それは書き留めるようにしています。

　例えばTwitterなどとの親和性もよさそうなテーマであれば、Twitterアカウントをつくり、ミニサイトへの誘因となるツイートを定期的に発信していくというのもあるでしょう。自身がすでに関連するテーマのサイトやブログを運営しているのであれば、そこで紹介記事を作成し、リンクを張り、まずは初期集客を図るのもひとつの方法です。

　もし、ミニサイト内で外部サイトをいろいろ紹介しているのであれば、そうした先に「リンクを張らせてもらっている」旨の連絡を兼ね、サイト紹介のメールを送ってもいいでしょう。いきなり相互リンクを打診するようなメールは嫌われますが、「当サイト内で紹介させてもらっております。もし何かお気づきの点や問題などございましたら、お手数ですがお知らせください」といった丁寧で謙虚な内容であれば、相手を不快にさせる心配もないと思います。

　ずっと更新し続けなくてもいいよう、ある程度完結型のコンテンツを目指すのがミニサイトですが、季節やイベントに絡めたコンテンツを随時投入していくというのも、ひとつの集客手段です。例えば私は『東京待ち合わせ場所ナビ』という、完成後はあまり更新もしていな

いサイトを運営していますが、「お花見」が近づいた時に、都内の主要お花見スポットでの待ち合わせ場所を追加し、そうした情報をSNSで流すなどして地道な集客活動を行なっています。

⑪収益化の可能性をイメージする「マネタイズプラン」

　テーマによっては、Google AdSenseやアフィリエイト、さらには純広告の販売やタイアップ記事作成など、さまざまなマネタイズの可能性があります。

　取らぬ狸の皮算用になってもいけませんが、これまでも他サイトで収益を上げてきた経験がある人なら、新たに作成するミニサイトでどういったマネタイズの可能性があるか、ある程度は見えているはずです。それらも書いておきましょう。アフィリエイトで紹介できそうな商品ジャンルを考え、書き出しておくのもいいと思います。

　実際にマネタイズのための準備を始めるのは、ミニサイトが完成し、ある程度のアクセス数になってからだとは思います。しかし、将来どういったマネタイズを見込んでいるかも踏まえておけば、将来の広告枠設置場所などを事前に考慮してサイトデザインを考えることができます（マネタイズ方法については、149ページから解説していきます）。

⑫「その他」には思いつくことを何でも書き出す

　ミニサイトだけで終わらせるのではなく、SNSのアカウントをつくって連携させていったり、電子書籍をはじめデジタルコンテンツの販売につなげていったりすることも考えられます。また、そのミニサイトを足がかりとして、自分自身がスキルや知識を身につけて、その道の達人を目指すということもあるでしょう。資格取得なんていうのもありです。夢物語などと恥ずかしがらず、ちょっとでも挑戦してみたいことがあるなら、ぜひ書き出してみてください。

コンテンツ設計
カテゴリ&記事一覧作成

作成する記事のタイトル一覧を書き出す

　「『企画書』をつくろう」の続きとして、カテゴリや記事一覧など、具体的なコンテンツの設計について深掘りをしてみたいと思います。
　一連のミニサイトづくりの中で私が最も楽しく取り組めるのは、作成する記事のタイトル一覧を書き出す作業です。

　「自分がこのサイトのユーザだったらどんな記事がほしいだろう？」
　「どんなデータが必要だろうか？」

　そんな想像を巡らせながら書き出していきます。最初に「記事一覧書き出し」作業をしておかないと、ついつい自分にとって得意分野の記事、時間も手間もかからず、さっくり書ける楽な記事ばかりに取り組んでしまい、偏りのある、内容の薄いサイトになってしまう可能性があるからです。

　記事をリストアップする方法は大きく分けて2つあります。1つ目はカテゴリを決めてから、それに必要な記事を書き出していくブレイクダウンの方法。もうひとつは、テーマから想起される記事タイトル案をとにかく書き出し、そこから仕分け・整理をしてカテゴリにまとめる方法です。どちらが適しているかはテーマ次第ですが、前者の「先にカテゴリを決める」ブレイクダウン方式のほうが進めやすいので、そちらを見ていきたいと思います。

カテゴリ設定の前に「切り分け」作業

ここからは、実際のミニサイトを元に見ていきましょう。

キューバ旅行情報館

http://www.joho.st/cuba/

この『キューバ旅行情報館』は、ジャンルとしては「旅行ガイド」サイトです。「キューバ旅行に関心がある」というユーザの立場になって考える必要があるのですが、この時は、自分自身がキューバ旅行

を計画している最中にミニサイト企画もつくっていたので、まずは最も身近な自分自身が最初の"ユーザ"でした。自分にとって「今ほしいのはどんな情報サイトか」を徹底的に考え、その次に自分以外の想定ユーザニーズを考えるという順序になりました。

　ここで大事なのは「切り分ける」ことです。想定ユーザが一連の時系列的な流れの中でどの段階にいるのかによって、そのニーズも必要な情報の内容・見せ方も異なります。それらをざっくり切り分けて考えることで、ニーズに則したカテゴリ設定が可能となります。

●旅行に行くことを決定する前と後
・キューバに関心を持ち、「旅行してみたいなあ」と思っている段階
・キューバ旅行に行くことを決め、そのための情報収集を始めた段階

●チケット購入など手配が済む前と後
・いつ行くべきか、チケットやツアー手配はどうすればいいかなどの情報収集中
・チケットなどの手配が終わり、荷造りや観光地巡りの計画を立案中

●旅行出発前と出発後
・旅行に出発する前の情報収集
・旅行中に現地で必要なことを調べている（主にスマホなどで）

　もちろん、切り分けは時系列的なものばかりではありません。

・まずはどんな可能性があるのか知るために選択肢を広げたい
・最終的に決めるため、選択肢を絞り込むためのヒントがほしい
・旅行を楽しむための情報
・お金や時間の節約につながる情報

ユーザの知識・経験レベルや、同行者の有無、旅行日数、予算、ライフスタイルの違いによって切り分けて考えることもできるでしょう。

- 普段の海外旅行はツアー中心の人
- 航空券やホテル手配はいつも国内旅行会社に委託している人
- 個人で航空券を買い、直接ホテルを予約することに慣れている人
- ひとりでキューバ旅行
- 友人・家族などと一緒にキューバ旅行
- 子連れでキューバ旅行
- 旅行ではなく仕事でキューバ渡航

　たくさん「切り分け」てみましたが、これらすべてのニーズを満たそうと考える必要はありません。ミニサイトづくりにおいて欠かせないのが、プライオリティの設定と取捨選択です。

　今回は旅行サイトなので、まず「ビジネスニーズ」は捨ててしまって問題ないでしょう。また、「キューバに関心を持ち始めた人」「キューバ旅行のための具体的な情報収集を始めた人」の内のどちらを主ターゲットとして考えるかも、企画作成とこのカテゴリ設定段階で明確に決めておくべき事項です。それによって、この後に書き出す「記事タイトル案」は大きく変わってくるからです。

「知識＆情報ゾーン」と「管理人の体験ゾーン」

　もうひとつ、カテゴリを決める上で重要な切り分けがあります。ミニサイトではこれをどう組み合わせるかも大事なポイントになってきます。

- 知識＆情報ゾーン
- 管理人の体験ゾーン

第1章のミニサイトの特徴のところで「旅行ガイド」と「旅行記」の違いについて説明しました。ミニサイトとブログの違いをわかりやすく説明するとしたら、「旅行ガイドと旅行記の違い」のようなものだということです。ただし、それはミニサイトに「旅行記」的要素、つまり管理人自身の体験談などを入れてはいけないということではまったくありません。むしろ、テーマによっては積極的に取り込むべきです。
　ユーザは興味あるテーマについての、客観的な情報も求めていますし、同時に経験者の主観的な体験談も読んでみたいと思っています。

「知識＆情報ゾーン」と「管理人の体験ゾーン」

　ブログであればそれらが混在していてもいいと思いますが、ミニサイトではしっかり切り分けて構成・配置したほうが、ユーザの利便性につながります。

カテゴリを決定する

　カテゴリを決定する際に留意すべきポイントがいくつかあります。

- 数を増やしすぎない
- わかりやすいカテゴリ名にする
- 優先順位をつける

　テーマによって最適な数は変わりますが、多すぎるとユーザを迷わせてしまいます。テーマがしっかり絞られていれば、カテゴリの数もそれほど多くはならないはず。
　トップページにカテゴリを並べた時、パッと見で「このサイトはどんな内容のサイトなのか」がわかるよう、一覧性を重視しましょう。そのためには、トップページのレイアウト検討と同時進行で進めるのも有効な方法です。

トップページ上部に4〜8個のカテゴリ＆ピックアップ記事

好みの問題もありますが、私自身はトップページ上部に4～8個ほどのカテゴリなり、ピックアップ記事なりを配置するレイアウトをよく採用します。左ページの『格安！　東京旅行ガイド』では、トップページに6つのカテゴリを並べました。

数を増やしすぎない

こちらは『東京ビアガーデン情報館』のトップページです。運営歴が長いサイトの場合、諸事情でさらに増えてしまうものもありますが、正直この「タイプ別ビアガーデン一覧」に「タイプ」12個を並べるのは多い気がしています。次のデザイン変更の際には「メイン6個・サブ6個」に分け、サブのほうはテキストのみ、あるいはサムネイル写

真も小さくしてメリハリをつけようかと考えています。

　先ほど「数を増やしすぎない」と書きましたが、実際には数が多くても、トップページのレイアウトなどの見せ方次第でユーザを迷わせないわかりやすいミニサイトをつくることはできます。

　ところで、これらの事例は旅行関連のものが多いため、「エリア」カテゴリもカウントすると数は一気に増えます。エリアについては、ユーザにとって「どの場所の情報がほしい」ということは明確なので、仮にエリアが20個あっても、見やすくさえしておけば迷わせることはないはずです。

トップページの構成・配置を考える

　トップページはサイトの顔です。パッと見て「どんなサイトなのか」ということを判断されます。ミニサイトならではの、わかりやすく整理されたトップページを工夫する必要があります。

　『キューバ旅行情報館』のコンテンツは、その大半がトップページからワンクリックで辿り着けるようになっています。つまりトップページ＝サイトマップ、マップの役割は「迷わせないこと」です。

　トップページの構成は、ミニサイトづくりにおいて非常に重要です。初訪問者に対し**「どんなサイトなのか」を短時間で理解してもらい、かつその人が最も必要としているコンテンツにスムーズに誘導する役割**を担っているからです。もちろんランディングページ（検索エンジンなど外部サイトからやってきた訪問者が最初に"着地"するページ）がトップページとは限りません。ただ着地後に興味を持ち、「他にどんなコンテンツがあるんだろう」と思った訪問者がトップページへ移動する確率は高いでしょう。

東海道53次ウォーク

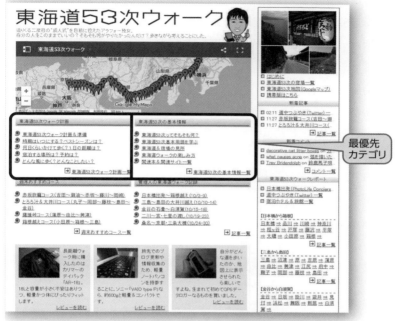

http://tokaidowalk.com/

　私は現在、複数の旅行関連ミニサイトを運営していますが、その原型は2009年につくった『東海道53次ウォーク』です。28日間かけ、東京日本橋から京都の三条大橋までを歩き、その旅行記を毎日綴ってつくったミニサイトです。

　このサイトの9割を占めるコンテンツは、管理人のウォーキング記録、いわば旅行記です。ただし、**このサイトを訪れる人が最も関心があるのは、「赤の他人の過去のウォーキング記録」ではなく**、おそらく今計画中の、あるいは**将来やりたいと願望している「自分自身の東海道ウォーク」**でしょう。そのため、メインページで目立たせる最優先カテゴリは「東海道53次ウォーク計画」と「東海道53次の基本情報」にしました。

● 東海道53次ウォーク計画
- 東海道53次ウォーク計画＆準備
- 時期はいつにする？　ベストシーズンは？
- 何日くらいかけて歩く？　1日に歩く距離は？
- 宿泊する場所は？　予約は？
- どんなふうに歩く？　どんなことをしたい？

● 東海道53次の基本情報
- 東海道53次ってそもそも何？
- 東海道53次基本用語を学ぶ
- 東海道＆宿場の見所
- 東海道ウォークの楽しみ方
- 関連本＆関連サイト一覧

　多くの人は現役で働いており、なかなか長期の休みを取ることができません。理想は「全行程を一気に通して歩く」ことですが、実際には週末のみ、あるいは1週間の休みなどを利用しての東海道53次ウォークを楽しむことになる人のほうが多いだろうと想定しました。そのため、「週末おすすめコース」というカテゴリをつくり、最後に「管理人の東海道ウォーク記録」を配置しました。

　7年前の2009年に作成したサイトのため、今見ると正直稚拙に感じられる部分が多々ありますが、この配置パターンはその後の旅行系ミニサイトづくりでも踏襲されています。

トップ構成案一例

http://tokyoonsen.com/

　『東京温泉』は、スマホ利用者からのアクセスが6～7割を超えている2015年に作成したため、トップページにサイドバーはつくらず、上→下デザインになっています。そして上部に「各温泉の情報（客観的情報）」を、下部に「管理人訪問レポート（主観的情報）」を配置しています。

　このサイトを訪れるユーザの目的は、「東京都内の温泉に行きたいがどこがいいか」という温泉探しです。探し方は「好み」「利便性・都合」「状況（ニーズや同行者など）」によって変わってくるので、それを想定しながらカテゴリを決めていきます。

- 自宅近くの温泉を探している（エリア別・地図別）
- 会社から自宅までの間の通勤途中で寄れる温泉を探している（路線別・地図別）

- 電車で行きやすい温泉を探している（路線別）
- 車で行きやすい温泉を探している（地図別）
- そもそもどういった特徴の温泉があるか知りたい（テーマ別）
- 終電を逃した時や東京に安く泊まる目的で、深夜滞在が可能な温泉を探している（テーマ別―深夜滞在）
- 週末に家族で温泉に行きたい（テーマ別―プチ温泉旅行）
- リラクゼーション目的で温泉に行きたい（テーマ別―エステ、テーマ別―岩盤浴）
- 会社の送別会や忘年会で日帰り温泉を使いたい（テーマ別―忘年会）

　もしこれがブログであれば、「管理人による東京温泉訪問レポート」をメインコンテンツにするところですが、情報サイトなのでそれはあえてトップページでは下部に配置しました。その代わり、個々の温泉情報ページからレポートにリンクを張り、行ってみたいと興味がわいた場合には、さらに管理人の体験レポートを読んでもらえる導線にしています。

　トップページに「地図（Google Map）」を配置していますが、実際には地図をクリックして温泉を探す人は多くはありません。ただ地図があることで、東京都内にどれだけ温泉があるのか、またこのサイト内にどれだけの温泉情報を掲載しているのかということをアピールできます。

スマホサイト

　こちらはスマホ閲覧時のサイトのトップページです。二段組になっていたところも一段組となり、もともとそれほど重要視していなかった「地図から探す」コーナーが非表示になっています。スマホでは「現在地から最寄りの温泉を探す」機能をつけるべきなのですが、まだそこまで手が回っておらず、将来の課題となっています。

台湾温泉ガイド

http://taiwanonsen.com/

　一方、同じ温泉サイトですが、『台湾温泉ガイド』では主要温泉をフラットに紹介しています。そもそも「台湾の温泉に関する知識はほとんどない」という人が圧倒的に多い中では、むしろ「どんな温泉があるのか」「人気温泉はどこか」という部分に興味あるユーザが多いと思われるからです。
　ただし、20個以上の温泉をずらりトップに並べても、目が泳いでし

まいます。そのため、メジャーな温泉8個だけをピックアップしてトップページで紹介し、それ以外は「他にもいろいろ！　台湾の温泉一覧はこちら」をクリックしてもらう形にしました。その下に「台湾の温泉を探す」として9個のリンクがありますが、これはカテゴリではなく、飛び先は複数の温泉を紹介する記事になっています。

＋　＋　＋

　どんなカテゴリを立てて、記事をどう整理して並べるかはテーマ次第です。難しく考える必要はなく、基本的にはより多くの人にとってニーズがあるプライオリティの高いカテゴリ・記事を上部に配置し、あとは適度にくくって、並列に並ぶ数が増えすぎないようにするだけです。

　「わかりやすさ」を考えれば、カテゴリ名も記事タイトルも奇をてらう必要はなく、また視認性を高めるためにも、あまり長くなりすぎないようにすればいいと思います。

　見やすいサイト、細部まで丁寧につくり込まれているなと思うサイトを見つけたら、ぜひ「教材」としてじっくり研究してみてください。「なぜこのカテゴリにしたのだろうか」「どういう意図で並び順を決めたのか」「一つひとつのカテゴリに何本くらい記事を入れているのか」など、意識を「つくり手の意図・狙い」に向けることで、参考になる情報が見つかるはずです。

作成予定の記事をリストアップ

　カテゴリが決まったら、次にどんな記事を作成していくかを考え、書き出していきましょう。ここは少し時間をかけてもいいところかもしれません。多めに書き出して、後で優先順位をつけて絞っていくということでもいいと思います。隙間時間などを利用してメモにして書

き足していくと、アイデアが広がる可能性もあります。

　ちなみに私は、記事数が少なくて、すべての記事タイトルをトップページに並べるようなミニサイトの場合は、トップページの構成案を作成しながら、記事タイトル書き出しの作業も同時に行ないます。

　一方、記事数が多めの場合にはExcelを使います。そして記事タイトルの他、重要度や優先順位なども書き込み、その記事をどのカテゴリに割り当てるか、記事ファイル名をどうするかなども後で書き加えていくのです。

内容サマリーや優先度も書き込む

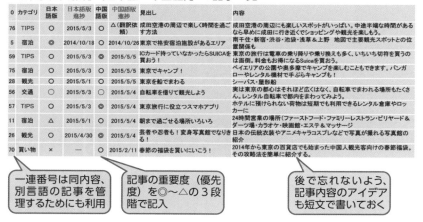

■「東京格安旅行（日本語・中国語）」の記事一覧

　また、実際に記事を作成した後はその日付も表に書き込むことで、進捗管理できるようにしています。ソートなども簡単にでき便利です。

記事一覧は「進捗管理表」にも

■「台湾温泉ガイド」の記事一覧

0	カテゴリ	フォルダ名	記事タイトル	ファイル名	作成日
1	インフォメーション	info	このサイトについて	about	2014/12/1
2			運営履歴	history	2014/12/1
3			お問い合わせ	profile	2014/12/1
4	台湾温泉入門	study	台湾の温泉って？	about	2014/12/1
6			台湾の温泉の入り方	howto	2014/12/1
7			台湾の温泉旅行必携アイテム	items	2014/12/1
8			台湾温泉の本	books	2014/12/1
9			お役立ちサイト	link	2014/12/1
10	温泉旅行TIPS	tips	温泉旅行計画を立てよう	plan	
11			格安航空会社（LCC）を利用すれば片道1万円以下も！	lcc	2014/12/2
12			台湾行き格安ツアーを探す	tour	
13			電車＆バスでの移動は慣れたらとっても楽！	trainbus	
14			台湾でインターネットを利用する（無料Wi-Fi／SIMカード）	internet	2014/12/2
15			日本の免許でレンタルバイクを利用する方法	bike	
16			大都市なら一泊2000円以下のゲストハウスも	gesthouse	
17			旅行に役立つスマホアプリ	app	2014/12/2
18	烏来温泉	wulai	温泉情報	info	2015/5/26
19			アクセス	access	2015/5/26
20			温泉＆ホテル	spahotel	
21			訪問レポート	report	2015/5/26
22	北投温泉	beitou	温泉情報	info	2014/12/7
23			アクセス	access	2014/12/7
24			温泉＆ホテル	spahotel	2014/12/7
25			訪問レポート	report	2014/12/7

	未作成	25	21.4%
	未取材温泉	20	17.1%
	作成済み	72	61.5%
	合計	117	100.0%

> Excelに必用な記事タイトルを書き出し一覧化（カテゴリ分類も）

> 記事作成したものは「作成日」欄に日付を書き込んでいく

> 簡単な関数（空欄の数カウント）で、進捗率を毎回確認する

達成感

記事は何本くらいが適当？

「記事本数ってどのくらいが適当なのですか？」

ミニサイトづくりに関してこんな質問をよく受けます。テーマによっても、どのレベルの知識を持った人をターゲットにするかでも、最適なボリュームは変わるのでズバリの回答はありません。またサイトとして適当なボリュームの他に、つくり手側がどれだけ時間をかけられるかにもよってきます。参考までに、私が過去につくったサイトの記事本数をまとめてみました。

●成田空港周辺スポット案内〜観光・買物・グルメ〜

http://taiken.in/narita/
- スポット情報ページ　16記事

- TIPS記事　5記事
- その他　1記事

〈計22記事〉

● Windowsムービーメーカーの使い方

http://tsukaikata.net/moviemaker/

- Windows10版　12記事
- Windows 7 版　9記事
- Windows VISTA版　9記事
- その他　4記事

〈計34記事〉

● 東京温泉

http://tokyoonsen.com/

- 個々の温泉情報ページ　59記事
- 管理人の温泉訪問レポート　44記事
- その他　3記事

〈計106記事〉

● キューバ旅行情報館

http://www.joho.st/cuba/

- 旅行情報など　26記事
- 管理人の旅行記　142記事
- その他　3記事

〈計171記事〉

『キューバ旅行情報館』の記事数が多いのは、旅先で旅行記を書いていたためです。例えば、街中で見つけた面白い看板などを紹介する非常に短い記事も１記事として公開していったので、本数が増えてし

まいました。

『Windowsムービーメーカーの使い方』は、ソフトのバージョンアップにつれて画面も変わってしまったため、記事を作成し直す必要が発生しました。過去バージョンの記事も残していますが、実際には最新版のための記事12本と、共通記事4本の16記事が主コンテンツです。

もっと基本操作に絞って本数を5～6本にまとめることもできますし、さらに「祖父母に見せるためのベビームービーを編集する」「旅行記念映像をまとめる」「結婚式のお祝い動画を作成」など、つくり方見本を示すなどして、本数を倍増させることもできます。

個人的には、現在の12本前後が、サイトを訪れた比較的多くの人に満足してもらえる適度な記事本数かなと思っています。時間に余裕ができたら、具体的用途を挙げての実践編記事や応用編記事にも挑戦したい気持ちはありますが、その場合には＜実践編＞＜応用編＞などとタイトルにつけ、今の12本とは切り分けると思います。

ミニサイトでは、いったん「完成」と言える形に仕上げることが必要ですが、完成した後はもう記事を足してはいけないということではありません。もし書きたい記事がたくさんあるものの、それを全部書き終えるにはかなり時間がかかってしまうというのであれば、最初の計画時に「第1弾」「第2弾」「第3弾」と、リリース後の拡張展開プランまでつくっておくのもいいでしょう。

周囲にヒアリングして違う視点も取り入れる

過去に開催していたミニサイトづくりワークショップでは、その初期に企画発表の場を必ず設けていました。メンバーが順番に数分間の持ち時間を使って、「こんなテーマのミニサイトをつくってみようと思う」と発表し、それに関連して「どんな情報を知りたいか」「どんな記事があったら面白いと思うか」などの質問をし、他の参加メンバ

ーからアイデアを集めるという発表タイムです。15名前後という少ない人数にも関わらず、出てくる記事案の面白いこと！ 多くは自身の体験や環境を踏まえたアイデアです。

例えば「ゲリラ豪雨」に関連したテーマのミニサイトを考えている人に対しても、さまざまな「こんな記事あったらどうだろう」という提案が寄せられます。小さな子どもを持つ母親としてのニーズ、郊外から毎朝通勤している会社員ならではのニーズ、海外旅行先で体験したこと……などなど。家族や友人・同僚など、周囲の人へのヒアリングは有効な方法です。

「本当にミニサイトを完成させられるかどうかわからないから」と、恥ずかしがって極秘プロジェクトとしている人もいますが、勇気を出して「こんなサイトをつくろうとしている」と誰かに話してみてください。面白いフィードバックが得られるかもしれませんし、他人に話すことで新しいアイデアが芽生えてくることもあります。

「どんな記事があったら面白いと思うか」という質問では、サイト運営者同士でないと何も返ってこない場合もあるでしょう。そんな時でも、そのテーマについて会話をしている中で記事のヒントはいろいろ見つかるはずです。

例えば「近郊への老後移住」がテーマだったとします。

「定年退職した後、どんな場所で余生を過ごしたい？」
「近場だったら？」
「海のそばがいい？ 山の近くがいい？」
「親戚や知り合いで実際に移住した人はいる？」

このように、自分とは異なる体験や視点を拾い集めることで、自分の中にあった「きっとこんな内容のサイトをつくればいいのだろう」という偏った思い込みも崩れ、発想も柔軟になるはずです。

記事のバリエーションを増やそう

　ワークショップでは「たくさんの調理法を知っているな」と思う人が必ずいます。決してそのテーマについてくわしいわけではないのですが、企画発表者に対し次々と面白いアイデアを提供できる人です。例えば、旅行用バッグ選びのサイトをつくろうとしている人がいたとします。

　「まず、Facebookで海外旅行の話を投稿した友人知人に片っ端からメールして、実際に旅行に持っていったバッグの写真を送ってもらう。次に、どのバッグをどこで使ったかを教えてもらって、それを分類紹介するコンテンツとかどうだろう。メリット・デメリットも一言ずつもらえたら、それだけでも面白い読み物になると思う」

　ベランダ菜園関連のミニサイトをつくろうとしている人には、「アクションカメラを頭につけて、植え替え作業の動画を撮ってYouTubeに公開したら、作業者目線でわかりやすいのでは？」などといったことです。

　これまでブログ中心でやってきた人は、どうしても自分の体験やそこから得られた知見を「テキスト＋写真」でまとめるのが「記事」という先入観に縛られていることがあります。ですが、コンテンツのつくり方はもっとたくさんあります。

　例えば昔から個人サイトと言えば定番のようにつくられていた「関連リンク集」。テーマと関連があり、かつユーザにとって有益になりそうな他のサイトを紹介するリンク一覧のページです。「良質なサイトには良質なリンク集があり、役立つリンク集があるサイトは使えるサイト」とも言われますが、役立つサイトだけをチョイスして紹介しているリンク集は、それだけでユーザにとって価値があるものです。できればただリンクを張るのではなく、どういう内容と特徴のサイトで、どんな人に役立つのかなど、リンク集作成者としてのコメントも

追記しておきたいところです。ミニサイトはコンテンツを絞っている分、カバーできていない領域もあります。そんな時は潔く他のサイトにユーザを流しましょう。そうすればユーザはきっとあなたのサイトを「拠点」として重宝してくれるはずですから。

インタビュー記事を導入するサイトも増えています。複数人の体験を盛り込むことで、コンテンツの幅はぐっと広がります。ひとりの体験はその人の主観の域を出ませんが、主観が二人分揃えば、その間にある共通項や差異というものは一種の客観的情報にもなりえます。
「インタビュー」と聞くと大ごとに感じる人もいるかもしれませんが、オンラインチャットでも十分にインタビューは可能です。

カテゴリ・記事一覧ができたら再度企画書を見直す

カテゴリや記事一覧を作成する段階で、それまで気づいていなかった想定ユーザニーズがより明確に見えてくることもあるでしょう。テーマの軸が多少変わってきたということかもしれません。

制作作業に入る前に、もう一度「企画書」を見直し、必要があればバージョンアップをしましょう。全部で何本の、どういった内容の記事を作成する必要があるかも見えたはずです。情報収集や文章作成にどの程度時間がかかるか見積もりを立て、先に考えたスケジュールが現実的かどうか、再度チェックしてみましょう。

今後の予定を確認すれば、ミニサイトづくりにどの程度時間を取れるかもわかるはずですし、きっと完成目標日も設定できるでしょう。カレンダーや手帳上のその日付に、大きく印をつけてみたりすると、この後の制作作業に弾みがつくかもしれません。

Column2

実践者インタビュー②
訪問者ニーズを徹底したコンテンツでブレイク
「クラフトビール東京」 川野 亮さん

　美味しいクラフトビールが飲める店を地道に取材し、丁寧に紹介するコンテンツとして大人気に。クラフトビール業界のキーパーソンのひとりとしての地位も確立した川野さんです。

Q. このテーマを選んだのはクラフトビール大ブーム到来の少し前ですよね？

　2011年に美味しいクラフトビールを飲んで、すっかり虜になりました。その後、本やネットで情報収集をしましたが、当時はクラフトビールが飲めるお店の情報をまとめたサイトがなく、「きっと知りたい人もいるだろう」と思い、サイトをつくることにしたのです。

Q. どういう内容にしようと考えたのでしょうか？

　クラフトビールといっても、「銘柄」「醸造方法」「ブルワリー（醸造所）」「ビアパブ」などなど、関連する範囲は広いです。網羅的なサイトをつくると情報が薄くなりがちと考えて、一点に絞ることにしました。それは、「クラフトビールが飲めるお店の紹介」です。自分が住んでいる地域ということもあり、お店のエリアは「東京」に絞りました。

Q. クラフトビール関連での執筆など活動領域を広げていますね。

　半年後くらいからアクセスが増え始め、1年後に「クラフトビール」

という単独キーワードで検索結果１位になりました。2013年頃からは雑誌、ラジオ出演の仕事依頼が来るように。最大のターニングポイントは、ある出版社からクラフトビールのムック本を出版をさせてもらったことですね。2015年からは大手ビールメーカーが運営するクラフトビール専門情報サイトで、毎月記事を連載しています。

Q. 何がここまでの成功をもたらしたのでしょう？

　クラフトビールファンが知りたいと思っている情報を、わかりやすくまとめて提供したことです。「ビールが何種類飲めるのか？」という一般の飲食店紹介サイトにはない重要な情報や、「昼間から飲める」「女性ひとりでも入りやすい」などの目的別にまとめたページも人気ですね。

http://craftbeer-tokyo.info/

第3章

〈制作編〉
短期間で効率よくつくるには？

短期集中でつくり込み！ミニサイト制作

まずは無理なくミニサイトを完成させること

　ここまで準備に時間をかけてきましたが、いよいよ制作段階です。ここから先は、個々人のスキルの差によって辿る道も大きく分かれてくるので、まずは自身のレベルにあわせ、背伸びしすぎない制作方法を選んでください。決して「本格的なサイト構築法のほうがえらくてスゴイ」というわけではありません。洗練されたデザインのサイトでなければ成功しないわけでもないのです。

　無料ブログサービスを使おうが、独自ドメインを取得してWordPressで構築しようが、**最後に成否を決めるのはテーマと企画、そしてコンテンツです**。自分のスキルレベルを大幅に超えた挑戦をしてしまうと、無駄につまずいて先に進めず、見た目ばかりに意識が向きすぎ、肝心のコンテンツがおろそかになります。格好いいトップページが仕上がり、それで満足して終わってしまったという人もたくさんいます。もちろんスキルアップを図ることは大事ですが、まずは無理なくミニサイトを完成させることを最優先させてください。

ミニサイトを何でつくるか

　WEBサイトは、「HTML」というコンピュータ言語を使ってつくられています。実際にはそれほど難しいものではなく、教え上手な人が近くにいれば1時間ほどで基本をマスターして使えるようになるものです。例えば、HTMLで次のように記述すると、「太い文字」という

テキストがブラウザ上では太文字で表示されます。

<b>太い文字</b>

太い文字

　「HTMLタグ」と呼ばれるものを20個も覚えれば、ごく簡単なWEBサイトをつくることができます

　ただ、やはり面倒ですよね。そんなHTML知識がない人でも簡単に自分のWEBサイトをつくり運営できるようにしてくれたのが「ブログ」です。日本では2005年頃にブログブームが到来し、多くの企業が無料ブログサービスを開始しました。ライブドアブログやアメーバブログなどです。一般個人だけでなく芸能人やスポーツ選手、そして企業までもがブログを開設し、積極的に、そして気軽に情報発信をするようになりました。

　もっと自由に自分のブログを設計・デザインし、好きなドメインで運用したいと考える企業や個人は、Movable TypeやWordPressなどのブログツールを利用しています。ブログツールとは、ブログを構築するソフトウェアのことです。レンタルサーバー契約などが必要となるため、無料ブログサービスを利用するよりはハードルが上がりますが、初期の作業だけ乗り越えれば、後はさほど大きな違いはありません。

　ミニサイトづくりでも、これらの便利なツールを使うことで「知識ゼロ」の人でも最短距離のサイト制作が可能になります。

　次節からはミニサイトをつくるための4つの方法を紹介しますが、設定などの詳細については無料ブログサービスやWordPress関連の解説サイトやノウハウ本も多数あるので、そちらを参考にしてみてください。

①無料ブログサービスを利用〈初級編〉
ブログの初期設定をする

目次用の記事を最上位に固定する

　まずは、誰でも簡単に利用できる無料ブログサービスでミニサイトをつくってみましょう。

　「ライブドアブログ」（http://blog.livedoor.com/）は著名ブロガーの利用も多く、そのカスタマイズの自由度の高さが評価され、いわゆるブログだけでなく、２chまとめやニュース系サイトなどでも利用されています。2015年にはそれまで有料プランに限定されていた機能が無料開放され、独自ドメインを設定することもできるようになり、利便性は一気に上がりました（ドメインを取得し維持するには別途費用が必要です）。

　まずは、ライブドアブログの初期登録、設定、そして投稿の仕方を把握していきましょう。

▶ライブドアブログに新規登録

ライブドアブログのトップページを開き、右上の「新規登録」をクリックしてください。

「livedoor ID」「パスワード」「メールアドレス」を入力します。送信するとメールアドレス認証用のメールが自動配信されるので、本文中にあるURLをクリックしてください。これで登録作業は完了です。

▶ブログの初期設定をする

　さっそく管理画面でブログの初期設定をしていきます。タイトルは後から変更できますが、URLは慎重に決めましょう。独自ドメインを取得して利用（「http://tokyoonsen.com/」など）する予定の人も、いったん仮にこの中から選択をする必要があります。

　タイトルとURLが決まったら「ブログ設定」に進みます。設定項目がたくさんありますが、このあたりはライブドアブログのヘルプページにくわしい解説があるのでそちらをご覧ください。

　ここでは、「ミニサイトちっく」になるよう、記事が時系列に並ぶブログ的なトップページではなく、ミニサイト全体の玄関（目次）と

しての役割を果たすトップページにするための方法に絞って紹介します。

▶目次用の記事を作成する

まずは最も初心者向きの、「目次用の記事を作成し最上位に固定」する簡単な方法です。

　こちらは通常のブログとしてのトップページです。最上位には最新の記事が表示され、以降、時系列で記事冒頭部分が並びます。

　そうではなく、サイト全体の内容がわかり、かつクリックして目的の記事やカテゴリに飛んでいける目次をつくる最も簡単な方法は、目次となる記事を1本作成し、その記事を最上位に固定することです。

　具体的なやり方を見ていきましょう。

　「記事を書く」で新規記事作成画面を開きます。タイトルは「INDEX」「目次」などとつけておきましょう。今回は『東京温泉ガイド』というミニサイトをつくる前提で、エリア別・路線別に温泉を探せるよう、カテゴリページにリンクする目次をつくることにします。

　リンクを張りたいテキストを範囲指定し、本文欄の上にあるリンク用のアイコンをクリックすれば、リンク先URLを指定するためのウ

ィンドウが開きます。

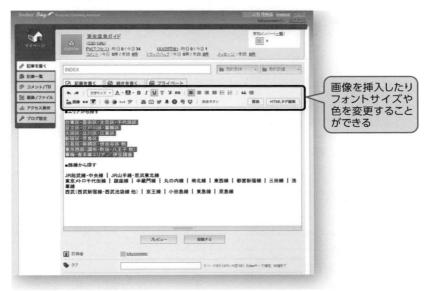

画像を挿入したりフォントサイズや色を変更することができる

箇条書きにすることもできたり、本文作成欄のすぐ上に並ぶアイコンをクリックすることで、画像を挿入したり、フォントサイズやフォント色を変更したりすることもできます。

ひとまずこれで、本文作成欄下の「投稿する」ボタンをクリックして、投稿をしましょう。

　次に、さらに大事なことがあります。記事の日付です。ライブドアブログには「この記事をトップに固定する」という機能がないため、替わりに記事作成日を未来の日付にして最上位に表示させる必要があります。10年先の日付まで指定ができます。変更したら「更新する」をクリックします。記事の内容は何度でも変更が可能です。

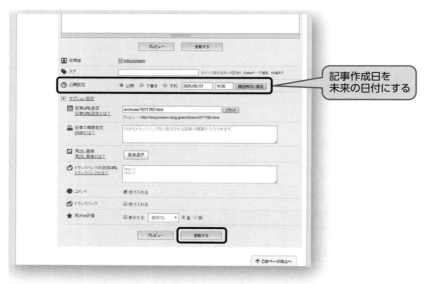

　トップページはこうなりました。写真もない単なる箇条書きのリンク一覧で味気がないですが、ブログとは違う「情報サイト」のテイストになっています。ちなみに、このINDEXをつくるにはリンク先のURLが必須のため、作業としてはカテゴリ設定が終わり、ある程度記事作成も進んだ段階での作成になります。

②無料ブログサービスを利用〈上級編〉テンプレートをカスタマイズする

最低限必要なHTMLを覚える

　ここからは簡単なHTML知識が必要となるので、先ほどの方法よりも難易度が増します。管理画面の「デザイン設定（PC）＞カスタマイズ」でトップページに直接目次を追加する方法です。
　最初にいくつかHTMLタグを紹介します。

● ハイパーリンク
<a href="http://www.yahoo.co.jp/">ここをクリックするとYahoo!Japanに飛ぶ</a>

ここをクリックするとYahoo!Japanに飛ぶ

　文字列を「<a href="リンク先URL">」と「</a>」で挟むことにより、その間の文字列から別のページへのリンクを張ることができます。

● 箇条書き
<ul>
<li>キューバってどんな国？</li>
<li>ガイドブック＆関連本</li>
<li>お役立ちサイト</li>
<li>旅行プランを立てる</li>
<li>キューバのベストシーズン</li>

```
</ul>
```

> - キューバってどんな国？
> - ガイドブック＆関連本
> - お役立ちサイト
> - 旅行プランを立てる
> - キューバのベストシーズン

　箇条書きにするHTMLタグです。ひとまとまりの箇条書き部分を「\<ul\>」「\</ul\>」で挟み、各箇条書きは「\<li\>」「\</li\>」で挟みます。ちなみに「\<ul\>」「\</ul\>」ではなく「\<ol\>」「\</ol\>」にすると、数字付きの箇条書きとなります。

● 改行

　実は温泉天国の台湾。\<br /\>島の至る所に多種多様な温泉が湧き出しています。

> 実は温泉天国の台湾。
> 島の至る所に多種多様な温泉が湧き出しています。

　改行はBREAKの略で、「\<br /\>」となります。今までのHTMLタグは前後を挟むものでしたが、これは単独で使います。ちなみにHTMLタグは基本的に英単語の略で、\<a\>はAnchor、\<ul\>はUnordered List（非順序リスト）、\<ol\>はOrdered List、\<li\>はListです（覚える必要はありません）。

▶トップページのデザイン変更

　管理画面の「ブログ設定」を開くと、「デザイン／ブログパーツ設定」に「PC」「スマートフォン」「ケータイ」のアイコンがあります。まずは「PC」をクリックします。

　さまざまなデザインが用意されているので、テーマに合いそうなものを選びましょう。大幅にカスタマイズする予定なら、シンプルなものを選んでください。「ブログメディア」という名前のデザインなどは、写真やイラストもなく、カスタマイズ利用が前提のものとなっています。

　「カスタマイズ」を選ぶと、このような画面になります。下段には「CSS（スタイルシート）」「トップページ」「個別記事ページ」「カテゴリアーカイブ」「月別アーカイブ」を切り替えるタブがあります。それぞれのHTMLタグは複雑で、何が何だかわからない呪文のように感じる人も多いでしょう。でもあまり気にしなくても大丈夫です。

　これがカスタマイズする前のトップページですが、今からやりたい

のは、タイトルと記事一覧の間のスペースに、目次となるものを挿入する作業です。そのため、トップページのHTMLのどの箇所に挿入すればいいかだけわかれば、他は一切気にしなくていいのです。

　ここかなと目処をつけたところに、試しに文字を挿入してみます。「あああ」という文字列を入れてみました。「<!-- SrticlesLoop Start -->（記事ループの始点）」という一文の前です。これで試しに「プレビュー」ボタンをクリックすると……

　大正解です。タイトルと記事の間に、先ほど試しに入れた文字列が挿入されました。

　ライブドアブログ以外の無料ブログサービスでも、テンプレートをカスタマイズする場合には、試しに「★★★」など目立つ文字列を入れてみて、どこにどう反映されるかを確認するという方法を取ると失敗がありません。

▶目次をHTMLで書き込む

```
<div class="column-inner">
<div class="column-inner-2">
<$IndexNavigator$>
<!--★トップページの目次ここから-->

<h2>エリアから探す</h2>
<ul>
<li><a href="http://tokyoonsen.com/area01">台東区・墨田区・文京区・千代田区</a></li>
<li><a href="http://tokyoonsen.com/area02">足立区・江戸川区・葛飾区</a></li>
<li><a href="http://tokyoonsen.com/area03">大田区・品川区・江東区</a></li>
<li><a href="http://tokyoonsen.com/area04">新宿区・豊島区</a></li>
<li><a href="http://tokyoonsen.com/area05">杉並区・板橋区・世田谷区 他</a></li>
<li><a href="http://tokyoonsen.com/area06">東京西部(調布・町田・八王子 他)</a></li>
<li><a href="http://tokyoonsen.com/area06">青梅・奥多摩エリア</a> / <a href="http://tokyoonsen.com/area07">伊豆諸島</a></li>
</ul>

<h2>路線から探す</h2>
<ul>
<li><a href="http://tokyoonsen.com/line01">JR総武線・中央線</a> | <a href="http://tokyoonsen.com/line02">JR山手線・京浜東北線</a> | <a href="http://tokyoonsen.com/line06">東京メトロ千代田線</a> | <a href="http://tokyoonsen.com/line07">銀座線</a> | <a href="http://tokyoonsen.com/line08">半蔵門線</a> | <a href="http://tokyoonsen.com/line20">丸の内線</a> | <a href="http://tokyoonsen.com/line09">南北線</a> | <a href="http://tokyoonsen.com/line10">東西線</a> | <a href="http://tokyoonsen.com/line11">三田線</a> | <a href="http://tokyoonsen.com/line12">浅草線</a> | <a href="http://tokyoonsen.com/line13">西武(西武新宿線・西武池袋線 他)</a> | <a href="http://tokyoonsen.com/line14">京王線</a> | <a href="http://tokyoonsen.com/line17">小田急線</a> | <a href="http://tokyoonsen.com/line16">東急線</a> | <a href="http://tokyoonsen.com/line15">京急線</a></li>
</ul>
```

　次に先ほどの場所に、挿入したい目次をHTMLで書き込みます。こちらを見てもらうとわかりますが、先ほど紹介したハイパーリンクと箇条書きのタグ、そして「<h2>」「</h2>」という見出し（Header）タグしか使っていません（見出しタグはh1〜h6まであります）。

　この作業は管理画面上で直接行なうと余計なHTMLを削除してしまうなど失敗する可能性もあるので、メモ帳などのテキストエディタを開いて、そこにHTMLソース（HTMLタグと文章の集合体）をコピー＆ペーストして編集しましょう。滅茶苦茶になってしまっても元の状態に戻せるよう、編集する前のオリジナルHTMLソースも保存しておくと安全です。

目次が挿入された

　保存してトップページを開くと、きちんとタイトルと記事一覧の間に目次が挿入されました。ただ、テキストの羅列ではちょっと味気ないですね。ここから先は、文字を大きくしたり、改行ピッチを指定したりするCSS（スタイルシート）の知識も必要です。もし、この方法でカスタマイズしたいのであれば、インターネット上の解説サイトや専門書などを使って勉強してみてください。

段組みにしたり画像などを挿入したりすれば、見栄えがよくなります。

③ブログ構築ツール「WordPress」を利用する

ミニサイトづくりに適している

　運営しているミニサイトで、本格的に収益獲得を目指していくなら、やはりいずれWordPressを使ったサイト構築・運用にも挑戦してみたいところです。Googleがサイト運営者向けに提供している広告ネットワークサービス「Google AdSense（グーグル・アドセンス）」を導入する際にも制限がありませんし、トップページや他のページのレイアウトも、豊富なバリエーションのテンプレートから選ぶことができます。

　デザインの選択肢が多いのはライブドアブログなどの無料ブログサービスでも同じですが、いわゆるブログ的なデザインのものだけでなく、企業サイト構築などにも使えるレベルのものが多数あり、ミニサイトづくりにはより適していると言えます。ただしその分、無料ブログサービスとは異なる手間やコストも必要となり、一定の知識・スキルも求められます。

　本書では簡単に理解できるポイントとして、3点を解説していきます。

①レンタルサーバーの月額料金

　まず、自分のミニサイトのコンテンツを構築する場所＝WEBサーバーが必要です。無料ブログサービスの場合は運営会社が用意するサーバーを使えばいいのですが、WordPressを使用する場合は自分で用

意する必要があります。それを有償で間貸ししてくれるのが、レンタルサーバーです。レンタルサーバーサービスは多数の会社が提供しており、月額料金もサービス内容（容量や設定できるドメインの数など）も異なります。個人でも利用しやすい料金で、WordPress導入も楽なサービスのひとつが、「ロリポップ！　レンタルサーバー」です。

ロリポップ！　レンタルサーバー

https://lolipop.jp/

　10日間の無料お試しサービスがあるので、実際に使いこなせるかどうか、まずはトライアルで試してみてください。他にも「さくらインターネット」「エックスサーバー」などが人気です。

●さくらインターネット（http://www.sakura.ne.jp/）
●エックスサーバー（https://www.xserver.ne.jp/）

どちらも無料お試し期間があります。レンタルサーバー契約が初めてという人は、1～2週間を"トレーニング期間"と位置づけ、複数社のサービスを無料トライアルで比較し、管理画面やサービス内容をいじりまくってみましょう。WordPressを使ったサイト構築やメール設定など、実際に手を動かして作業をしてみれば、使い勝手の違いも理解できるはずです。

　「ロリポップ！　レンタルサーバー」のプランは「エコノミー（月額100円）」「ライト（月額250円～）」「スタンダード（月額500円～）」「エンタープライズ（月額2,000円～）」の4プランが用意されています（2016年8月時点）。WordPressが利用できるのは「ライト」からなので、まずはそちらでトライしてみるといいでしょう。プランは後から変更可能なので、よくわからない場合にはとりあえずいちばん安いものからのスタートで大丈夫です。

②独自ドメインの取得＆更新費用(利用する場合)

　「ロリポップ！　レンタルサーバー」の申し込みの際の画面で、用意された複数のドメインから好きなものを選択する箇所があります。

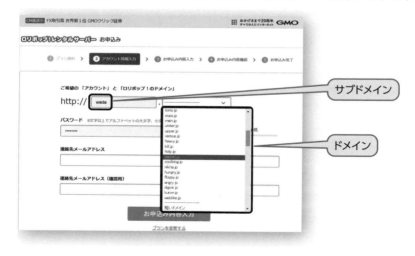

こちらの例では「secret.jp」を選び、その手前に「wada」をつけ「http://wada.secret.jp」にしていますが、この「secret.jp」の部分をドメインと言います（その手前につけた「wada」はサブドメイン部分）。もしここで取得できるURLで満足なら、独自ドメインを取得する必要はありません。

　「ドメイン部分も自分の好きな文字列にしたい！」ということであれば、独自ドメインを取得する必要があります。通常独自ドメインを利用する場合には、最初に「取得費用」がかかり、1年経過した後から毎年「更新費用」が必要となります。

ムームードメイン

http://muumuu-domain.com/

　ただ、それほど高額ではありません。上の価格一覧表は「ムームードメイン」という会社のものです。ここでは「.comドメイン」の取得費用が680円、そして1年後から毎年1,280円の更新料がかかります（2016年8月時点）。ドメインの種類によっても価格は異なります。

　独自ドメインでサイトを運営したい場合には、まず独自ドメインを取得し、その後契約レンタルサーバーの管理画面で、どのサイトをど

の独自ドメインと紐づけるかという設定を行ないます。もちろん取得したドメインを、ライブドアブログなど無料ブログサービスで構築したサイトに対して設定することもできます。

③WordPressのインストール＆初期設定

　WordPressのインストール作業は、レンタルサーバーで提供している「簡単インストール」などの機能を使えばとても簡単です。「ロリポップ！　レンタルサーバー」をはじめ、先ほど名前を挙げたレンタルサーバー会社のサイトはマニュアルページも充実しているので、それを読みながらゆっくり慎重に進めれば、つまずくことなく最後までいけるはずです。

　インストールさえ完了すれば、後は管理画面にログインします。これで、ライブドアブログなどの無料ブログサービスと変わらない使い勝手で、初期設定や記事作成が可能になります。

管理画面

「投稿」「外観」「プラグイン」「設定」が基本的な機能

こちらの図がWordPressの管理画面です。慣れるまでちょっと戸惑うかもしれませんが、基本的な機能は「投稿（記事を作成する）」「外観（デザインを設定する）」「プラグイン（機能を追加するもの）」「設定」あたりです。まずはウォーミングアップと思って、何か適当なブログを1つつくってみて、サンプル記事を投稿したりデザインを変更したりして遊んでみてください。

デザインの選択

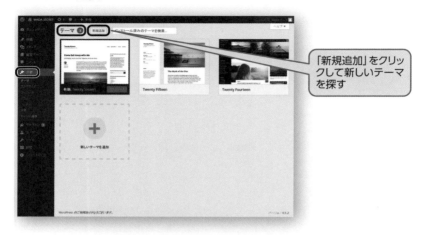

「新規追加」をクリックして新しいテーマを探す

デザインは「外観>テーマ」で選択します。初期状態では3つほどのテーマしか用意されていないため、「新規追加」をクリックし、ネット上から新しいテーマを探してインストールする必要があります。

英語を中心に欧米系の言語でつくられたテーマが大半ですが、本格的なサイト構築ができそうなものが揃っています。個人のブログ構築用のツールとしてだけでなく、CMS（コンテンツ・マネジメント・システム）として、企業が自社サイトを構築するためにWordPressを

使うケースも急増しています。メディアサイトや自治体などのイベント特設サイトを構築するツールとしても使われています。

　テーマの種類が非常に多いので、時間をかけて探せば、イメージ通りのデザイン・レイアウトのものが見つかるはずです。また、各テーマは管理画面のメニューを使って、背景画像を変更したり配色やレイアウトをいじったりということができるようになっています。

「BizVektor Global Edition」というテーマで作成した例

　例えばこちらの『浴衣レンタルNAVI』は、「BizVektor Global Edition」という名前のテーマを使ってつくったもので、所要時間はわずか20分ほどでした。トップページのイメージ画像設定、その下に並ぶ3か所のナビゲーションをカスタマイズしてみました。記事の作成もカテゴリの設定もこれからですが、手持ちの写真素材を指定サイズに切り抜く作業だけできれば、このくらいのトップページはすぐにつくることができます。

　この後、例えばタイトル部分を和テイストの画像にしたり、サイドバーを最適化したりして体裁を整えます。そして浴衣レンタルの経験者として、浴衣レンタルのメリット・デメリット、お店を探す時のポ

イント、浴衣レンタルの体験談、おすすめの浴衣アイテムを紹介する記事などを作成すれば、初心者のための浴衣レンタル利用ガイドのミニサイトは完成します。簡単なものであれば記事10本程度、1日で完成するでしょう。

　WordPressは、最初のレンタルサーバー選びだけ間違わなければ、それほど大変ではありません（「簡単インストール」的な機能がないと初心者には少々大変です）。まずは無料お試し期間を利用して、使いやすく、初心者向けガイドが充実しているサービスを探してみてください。

④その他のサイト構築ツールを利用する

まずは無料でいろいろと試してみよう

　ミニサイトをつくる方法は、他にもいろいろあります。実は、私自身はWordPressをあまり使っておらず、使い慣れたMovable Typeばかり利用しています。これはWordPress同様のブログ構築ツールで、企業のCMSとしても愛用されていますが、WordPressと比べるとテンプレート（テーマ）の種類が少なく、どちらかというとHTML・CSS知識があり、自分で一からデザインしたい人向けかなと思います。

Movable Type

http://www.sixapart.jp/Movable Type/

その他、ホームページ作成サービスを検討してみてもいいでしょう。以下に挙げる２つのサービスは、飲食店などのお店、中小企業のサイトなどで使われる他、個人で趣味の作品を発表したり、サークル案内のサイトなどにもよく使われています。

●Jimdo
　http://jp.jimdo.com/
●Wix
　http://ja.wix.com/

　どちらも無料で利用ができ、HTML知識がなくても感覚的に操作するだけで、スタイリッシュなホームページを短時間でつくることができます。独自ドメインを使いたい場合には有料プランに切り替える必要がありますが、無料ブログサービスとはまた違ったデザインのものをつくることができるので、まずは無料で試してみてはいかがでしょうか。

Column3

ミニサイト実践者による座談会パート①

「ミニサイトとブログはどう異なる？」「オーソリティサイトって？」「サイト内で訪問者を迷子にさせないためにはどんな点に気をつければいいの？」。やや抽象的な話にも踏み込みつつ、ミニサイトづくりのベテランや、ブログ運営の達人がディスカッションをしました。

- a-kiさん……『a-ki's factory ブルースとアコギと初心者のためのギター講座』（http://www.aki-f.com/）他運営
- のんくらさん……『Sophisticated Hotel lounge　おすすめのラウンジやホテルが見つかる』（http://hotellounge.net/）他運営
- ayanさん……『日本にいながら外国人の友達を作る方法』（http://friends.oyako-tabi.com/）他運営
- 和田亜希子……司会

●「ミニサイト」と「ブログ」の違いって？

和田　ブログしかつくったことがない人にとって、ミニサイトづくりは戸惑うことが多いようです。皆さん両方やられていますが、違いはありますか？

のんくら　僕にとってブログはどれだけ規模が大きくなっても"日記"です。日記には書く意思がなくなるまで終わりがありません。**明確なゴールがあるのがミニサイト、ないのがブログという認識です。**

a-ki　ブログが更新を前提として無限に大きくなるのに対して、ミニサイトはアンチテーゼで「完結型」と「ツール型」。ツール型というのは、ブログのような読み物ではなく「使うもの」と定義づけています。本でいうと辞書や参考書、いわゆる実用書の類、つまり繰り返し使われるコンテンツです。

ayan　イメージとしては、「ブログ＝いろいろなものをぽいぽい放り込めるカゴ」。整理しなくてもどんどん入れられるし、入れるものの形をきっちり揃える必要もない。ただ、それだときちんと整理されてないから、必要な情報に辿りつくのが大変。一方「ミニサイト＝仕切りのある引き出し」。どこに何を入れるか最初から決める必要があるが、何がどこにあるか一目瞭然で使いやすい。違いは大きいと思います。

和田　「ミニサイト＝少ないページ数」と考える人も多いと思いますが、皆さんの中では本質的に違うものですね。

ayan　今回ゴールのあるサイトづくりに取り組んで、初めて「時制」を意識するようになったんです。ブログにレビュー記事を書いたり体験談を書いたりしていますが、それらは「過去形」で書き手は一人称。「自分の視点」を主軸に、体験したこと、見たもの、食べたものなどを書いていきます。例えば、「USJでこんな順序でアトラクション回ったら待たずに乗れてラッキーだった♪」など。一方でミニサイトなどの情報サイトの場合だと、「雨の日にUSJで待ち時間をなるべく少なく効率的に回る方法」という形で、これから行く予定の人のための情報となり、時制は現在形になります。

a-ki　自分の体験を再現する文章と、これから同じことをしようとする人のために書く文章の違いですね。

のんくら　更新されるブログの集客効果も期待できますし、さらにSNSを絡めたら最強ですよね。昔は掲示板などがその役割を果たしていましたが。

a-ki　完結型のサイトには、リピーターの囲い込みができないという弱点があります。それを補うのがブログと、繰り返し使う前提のツール型なんです。例えばのんくらさんのサイトは完結型ですが、辞書的に繰り返し使うツール型も兼ねている。放置サイトで一定のアクセス数を維持できているサイトはそういうものが多いと思います。

◆Sophisticated Hotel lounge　おすすめのラウンジやホテルが見つかる

http://hotellounge.net/

（つづく）

第4章

〈マネタイズ編〉
副収入を得よう

アフィリエイトで目指せ副収入！

ミニサイトでできるマネタイズ手法

　インターネット業界でよく使われる言葉に、「マネタイズ」があります。本来の意味は「（金属を）貨幣に鋳造する」ですが、ビジネスの世界では「収益化する」という意味で使われています。

　ご存知のように、インターネットでは多くのコンテンツ・サービスが"無償"で提供されていますが、それだけでは当然ビジネスとして成立しません。無償提供により多くのユーザを獲得したところで、広告を配信したり、一部を有料コンテンツにしたりするなどして収益につなげていくのが、インターネット業界では鉄板のマネタイズ手法となっています。

　個人でも、ブログやミニサイト、動画、さらにはスマホアプリなどをつくり、"マネタイズ"する動きがここ10年ほどで急激に加速してきています。

　まずは、ミニサイトでどういったマネタイズ手法があるのかを見ていきましょう。

アフィリエイトで関連商品やサービスを紹介して報酬GET

　個人でも企業でも、サイト運営で収入を得る最も一般的な方法は「インターネット広告」です。ただし、すでにあふれんばかりのサイトが群雄割拠するこのご時世、個人が新しくサイトをつくり「さあ、広告を入れるぞ！」と目論んだところで、一体どれだけの訪問者が訪れて

いるか不明な弱小サイトに、貴重な広告予算を突っ込んでくれる奇特な企業などありません。そもそも、広告販売していることを企業に認知してもらうことすらままならないでしょう。そこで登場するのが「成果報酬型広告」です。

これは、ネット副業をテーマにした雑誌特集などで必ず紹介される「アフィリエイト」「アフィリエイト・プログラム」と呼ばれるもので、仕組みは次のようなイメージです。

アフィリエイトの仕組み

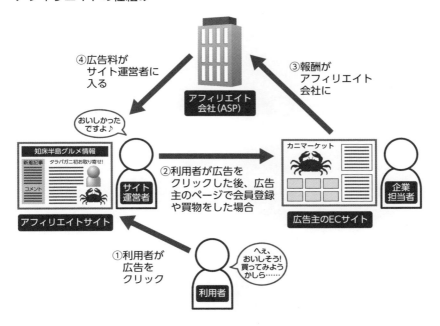

アフィリエイト（Affiliate）とは「提携」という意味です。オンラインショップが、個人サイトも含む他サイトと提携して集客を行ない、それによって得られた収入を分配するシステムです。アメリカのAmazon.comが、個人サイトを運営する人が書評を書いて本を紹介するとともにAmazon.comにリンクを張ると、Amazon.comからその本

が購入されたときに、その個人サイトに利益の一部を還元する仕組みとして導入したことで一気に広がり、日本では2001年頃から本格的に始まりました。

オンラインショップの場合は、一般的に売上金額や販売数に応じた報酬が提携するサイトに支払われますが、他に資料請求や会員登録、来店予約などを「成果」とみなし、例えば「マンションの資料請求1件につき500円」といった報酬を支払う企業もあります。

どれだけの広告価値があるか未知数の個人サイトやブログに広告費を投じることはできない企業も、売上や新規顧客獲得など一定の成果に応じて報酬を支払う形態ならリスクはありません。これまで広告媒体とはなりえなかった個人とも提携することで、従来接点が薄かった層にもアプローチすることが可能になりました。

リンク先URLに埋め込まれたIDでどのサイト経由かがわかる

先の図にある「アフィリエイトサイト」というのが、アフィリエイト・プログラムに参加する個人サイトやブログです（ポイント還元サイトなど法人サイトの場合もあります）。オンラインショップなどECを展開する企業サイトと提携して、バナーを張ったり、商品やサービスを紹介し、訪問者を提携ECサイトへと送客します。

その際、リンク先として設定するURLの中にアフィリエイトサイトごとに異なるIDが埋め込まれているため、商品購入やサービス申し込みがあると、どのアフィリエイトサイト経由でやってきた顧客なのかがわかるようになっています。

報酬条件はいろいろ

現在、オンラインショップやその他インターネット上で個人向けにビジネスを展開する企業の多くが、このアフィリエイト・プログラム

を導入しています。報酬条件は導入企業によってまちまちです。例えば次のようなものがあります。

報酬条件

Amazon	商品購入金額の3％（書籍・キッチン用品など）、8％（Kindle本・食品＆飲料など）他
楽天市場	商品購入金額の1％〜（大多数が1％だがショップにより1％以上設定もあり）
ファンケル	お試しセット1件につき1,440円
hetemlレンタルサーバ申込	新規会員申込1件につき3,000円
エクスペディア（旅行）	5％　他

　報酬率は高いほうが魅力的に映りますが、そこだけに注目すると失敗します。商品やサービスが魅力的かどうか、販売している会社のサイトに高画質の商品写真や丁寧な紹介文、購入者の口コミなどがあり、安心して買える店かどうかなどによって、そのサイトを訪れた人が商品購入やサービス申し込みまでに至る確率（コンバージョン率と言います）は大きく変わります。

　また、アフィリエイトリンクをクリックして提携ECサイトを訪れた人が、その場では何もせず、後日改めて直接訪れて購入や申し込みを行なった場合も成果として認めるという「再訪問期間」を設けているプログラムもあります。クッキーという仕組みを使うため、別のパソコンからのアクセスだったり、その間に別のサイトのアフィリエイトリンクをクリックしたりした場合には無効となりますが、一般的にはこの再訪問期間が長いほうが成果につながる確率は高まります。

　クレジットカードや基礎化粧品のお試しセットなど、報酬単価が高いものもあります。これは新たな顧客獲得によってその後企業に継続的に収益が入ってくるため、1人当たりの新規顧客獲得コストをある程度かけられるという背景があります。反対に、ホテル予約サイトなど、そもそも粗利が低いビジネスでは、アフィリエイトに対して支払

うことができる原資にも限りがあります。

アフィリエイト導入企業をどう探す？

　多くのアフィリエイト導入企業は、ASP（アフィリエイト・サービス・プロバイダー）と呼ばれる、アフィリエイト専門仲介サービスを利用しています。アフィリエイトを利用する場合、まずはASPに参加して、自分のサイトに合うプログラムを探してみましょう（アフィリエイトサイト側の参加は無料です）。

A8.net

http://www.a8.net/

　最大手の「A8.net」「バリューコマース」にはそれぞれ数千ものプログラムがあり、ジャンルも多岐に渡っています。まずはこの2つと、大手オンラインショップの参加が多い「リンクシェア」に登録すれば、

どういったプログラムがあるのかが理解できるでしょう。

- A8.net（エーハチネット）
  http://www.a8.net/
- バリューコマース
  https://www.valuecommerce.ne.jp/
- リンクシェア
  http://www.linkshare.ne.jp/

　また、独自にアフィリエイト・プログラムを実施している企業もあります。その代表格がAmazonです。みなさんがこれから制作するどんなテーマのミニサイトでも、おそらく何らかの「関連書籍」があることでしょう。Amazonのアソシエイト・プログラムは「Amazonアソシエイト」と言います。初めての人でも利用しやすいので、まずはそこからアフィリエイトを開始してみるのもいいと思います。ショッピングモール最大手「楽天市場」のアフィリエイト・プログラムは、報酬支払いが楽天スーパーポイントや楽天キャッシュとなりますが（一定金額以上で現金振込も可）、成果につながりやすいのでこちらも使ってみましょう。

記事内での商品・サービス紹介で成果につなげる

　インターネット広告というと、トップページやサイドバーなどにバナー（長方形の広告画像）を張りつける印象が強いかと思いますが、アフィリエイトでは商品・サービス紹介としてコンテンツに盛り込んで利用することも多くあります。

関連本＆関連サイト一覧

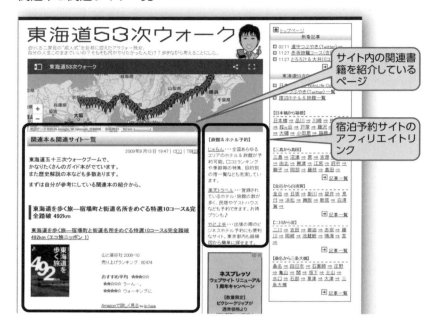

　例えばこれは、『東海道53次ウォーク』内での、関連書籍の紹介例です。実際に東海道53次を完歩した管理人（私）が、その計画を立てる際、歩く際に活用した本を紹介しています。内容がどうだったのか、どの段階で役立ったのか、逆に物足りないと感じた部分は何かなどのコメントもつけているので、今から東海道53次を歩こうと思っている人にとっては役立つアドバイスとなっているはずです。

　また、関連本紹介のすぐ右隣には「旅館＆ホテル予約」という小見出しとともに、宿泊予約サイトのアフィリエイトリンクを張っています。このサイトはつくった2009年からほとんど更新もしておらず、書籍や宿泊予約サイトのアフィリエイトリンクもずっと同じものを張りっぱなしの状態ですが、6年以上経った今も毎月細々とアフィリエイト成果（売上や宿泊予約）が出ています。

手間いらずでミニサイト向き「Google AdSense」

個人でも活用できる世界最大規模の広告ネットワーク

　Googleが運営しているクリック型の広告ネットワークです。広告ネットワーク（アドネットワーク）とは、複数の媒体サイトの広告枠をとりまとめて販売するシステムのこと。数え切れないほどの専門サイトが存在するインターネット広告業界では、一部の有力な大手媒体サイト以外は、広告ネットワークの利用が一般的になってきています。

　Google AdSenseは企業運営の媒体サイトだけでなく、個人運営サイトやブログも参加している世界最大規模の広告ネットワークです。

Google AdSense

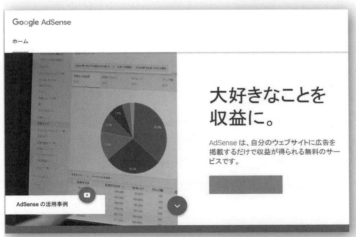

https://www.google.co.jp/adsense/

その最大の魅力は、広告主側・広告媒体側のどちらも参加数が非常に多く、マッチングシステムも優れているため、**最適な場所に最適な広告が配信される**ことでしょう。

　グローバルな広告ネットワークゆえの強みもあります。例えば訪日外国人向けに外国語でサイトを構築した場合には、その該当言語の広告が配信されます。つまり、Google AdSenseを使えば、一個人が外国企業から広告を取ることもできるのです。

　広告収益はクリック回数に連動します。広告主側の入札制になっているため、1クリックあたりの広告単価はさまざまで、集客にある程度のコストをかけられる業種関連であれば上がりますし、広告主数が多く熾烈な争いのジャンルでもやはり上がる傾向にあります。入札クリック単価上限やその広告のクリック率などから、最も高い収益が見込める広告が自動的に配信されるので、アフィリエイトのように「どの広告を張ったら収益を最大化させられるか」といったことに頭を悩ます必要もありません。

利用は簡単！　完結型のミニサイト向き

　媒体側として利用するのは簡単です。登録申請を行ない、専用の管理画面でサイズや配色を設定して広告用のタグを取得したら、それを自分のサイトの所定の場所に張りつけるだけというシンプルなものです。あとはGoogle AdSenseのシステムにより、サイトテーマや記事内容にあった広告が自動的に配信されます。最近はリマーケティングを利用する広告主も増えており、一度自社サイトを訪れたユーザに対し、集中的に広告を配信して再訪問を促すという方法も取られています。「そういえば、一度訪問した企業サイトの広告がやたら目につくようになった」といった経験がある人もいると思いますが、実はGoogleの配信システムで広告に追いかけられていた可能性が高いと言えます。

配置例

　この例では、『キューバ旅行情報館』に、「キューバ旅行ならOnly One」という専門旅行会社の広告が配信されています。**テーマを絞ったミニサイトでは、配信されるGoogle AdSense広告とサイトテーマのマッチ度も高く、クリックされやすくなります。**

　アフィリエイトの場合、例えば該当商品の販売終了もあれば、提携しているサイト自体が廃れてきてしまう、といったことがあります。以前は成果につながっていたものが右肩下がりに……ということもあり、ある程度のメンテナンスが必要となります。ですが、Google AdSenseは基本「張りっぱなし」で問題ありません。まさに、完結型のミニサイトに向いているといえるでしょう。

▶収入アップは張りつけ位置やサイズ、コンテンツのチューニングで

　とは言え、収益アップのためには工夫も必要です。Google AdSense

は、広告を張りつける位置やサイズによってクリック率が大きく変わり、工夫次第でページあたり収益を上げることが可能です。また、より単価の高い広告が配信されるようコンテンツ内容をチューニングし、より専門特化したサイトをつくっていくということもできます。

✦ ✦ ✦

　アフィリエイト、Google AdSenseについては、多数のノウハウ本が出版されています。それぞれ成果を上げるためのTIPSが多数紹介されているので、興味がある人はぜひそれらの本も参考にしてみてください。
　一方、注意が必要なのは、インターネット上には「絶対にがっぽり稼げるノウハウ」を謳(うた)った情報商材が多く存在することです。少なくとも高額の情報商材を購入することは、「誰かを絶対にがっぽり稼がせる」だけで終わる可能性が大きいので、絶対に手を出さないようにしましょう。不正行為を推奨している内容のものも少なくありません。

●日本アフィリエイト協議会「絶対稼げる？　怪しい儲け話にご注意ください」
　http://www.japan-affiliate.org/news/attention/

アクセス数が増え検索上位になったら "純広告"にも挑戦

新しい挑戦として広告販売に取り組んでみる

　これまで成果報酬型の広告を紹介してきましたが、そうではなく、サイトに広告枠を設置して、例えば「トップページのバナー広告1か月いくら」といった期間ベース、あるいはインプレッション数（広告配信数）ベースで収益を得る広告もあります。ネットワーク型の広告や成果報酬型の広告に対し、こうした広告を純広告と呼びます（他の定義もあります）。

　実際の話、個人サイトが広告枠を設置して広告主に直接販売するというのは簡単なことではありません。個人サイトとしてはそこそこページビューがあったとしても、企業が運営するメディアサイトと比べたら天地の差があります。また、広告主・広告代理店にとっても、出稿する媒体ごとに掲載の申し込みをしたり、クリエイティブ（バナーや広告テキストなど）のやり取りをしたりという手間を考えると、そうそう気軽に出稿媒体数を増やせないといった実情もあります。

　ただし、専門特化したミニサイトで、しかもそれが検索結果の上位にあれば話は別です。例えば、セブ島で日本人向けの英語学校を営んでいる企業のマーケティング担当者にとって、「セブ留学」で検索した際、広告部分を除いた1番目に登場するサイトには、高い広告価値があると思うはずです。仮に他のサイトと比べて配信1回あたりの広告単価が100倍以上だとしても、「まさに今、セブ留学について調べている」ようなターゲットとしてどんぴしゃなユーザだけが集まるサイ

トに広告出稿したほうが、より高いコストパフォーマンスが見込めるかもしれません。

　また個人サイトで広告販売を行なう場合、まずそこに広告枠があることを企業担当者に知ってもらう段階が最初のハードルになります。ですが、重要なキーワードで検索上位に登場していれば、企業のマーケティング担当者もサイトの存在を認知することになるため、そのコンテンツ動向をウォッチしてくれている可能性があります。

　ミニサイトがある程度育ってきて、検索上位に浮上してきたら、新しい挑戦として広告販売に取り組んでみるといいでしょう。それを機に、広告以外の新たな展開も生まれる可能性があります。

▶事例　東京ビアガーデン情報館
　私が運営するサイトの中で純広告を取れているのは、『東京ビアガーデン情報館』というサイトです。

東京ビアガーデン情報館

http://www.tokyobeergarden.com/

これは東京都内のビアガーデンを紹介するサイトで、もともとはライブドアブログで運営する、管理人のビアガーデン訪問レポートでした。現在は独自ドメインも取得し、エリア別・テーマ別にビアガーデンを探すことができる、ジャンル特化型のグルメ情報サイトとなっています。

　「東京　ビアガーデン」「渋谷　ビアガーデン」など、地名＋ビアガーデン検索結果で上位にあるため、もともとビアガーデン関係者からは認知をされており、サイト上で公開されているメールアドレス宛に、店舗情報の掲載依頼なども届いていました。

　サイトを立ち上げて3年目の2007年に、初めて広告販売を開始。その年のPVは月25万PV前後。1日1万PV以下でした。初年度はサイトに広告募集の旨を告知した程度だったため、当然のように何も起こりませんでしたが、翌年2008年には、こちらからアプローチをすることにしました。

　やり方は意外にアナログです。ビアガーデンは夏季限定開催なので、毎年春先から初夏にかけてその年の営業情報を収集し、サイトを更新する必要があります。都内のビアガーデンの住所はすでに一覧化していたので、「今年度の営業情報をお寄せください」というお知らせダイレクトメールを一斉に郵便で発送しました。そこにはサイト紹介資料と一緒に、広告枠についての案内も同封しました。すると、まもなく記念すべき最初の広告発注がありました。

　翌年以降じわじわと増え、2014年以降は年初に案内を出すと、すぐに半分以上の広告枠に掲載の申し込みが入り、春先には大半が埋まる状況となっています。広告案内も兼ねたサイト紹介資料も、毎年用意しています（この資料はP165の下部にあるURLからPDFでもダウンロードできるので、参考にしてみてください）。

第4章　〈マネタイズ編〉副収入を得よう

東京ビアガーデン情報館のご案内（2016年2月17日版）

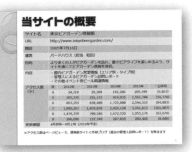

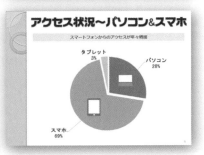

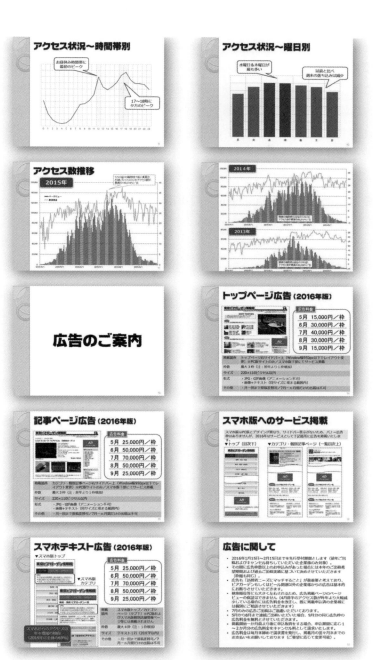

http://www.tokyobeergarden.com/doc/tbj_20160217.pdf

広告配信は、2015年からGoogleがサイト運営者向けに無償で提供している配信システム、「DoubleClick for Publishers（DFP）」を利用しています。それまではサイトに直接広告を張り込み、アクセス解析のGoogleアナリティクスを使ってクリックカウントを行なっていましたが、このシステムなら、広告配信レポートも簡単につくることができます。

◆DoubleClick for Publishers（DFP）
　https://www.google.co.jp/doubleclick/publishers/welcome/

"著者"になる！
Amazonで電子書籍を出版他

「ミニサイト」と「電子書籍」の相性はバツグン

　本棚スペースも気にせず購入でき、スマホやタブレットがあれば通勤時や旅先で好きな本を何冊でも持ち出せる電子書籍。
　「やはり紙のページをめくって読みたい」という人もまだまだいる一方、「電子書籍版がないと購入を断念する」という人も出始めています。今後ますます"電子書籍派"が増えることは間違いないでしょう。そんな電子書籍ですが、Amazonの「Kindle ダイレクト・パブリッシング（KDP）」を利用すれば、実は個人でも簡単に出版することができるのです。「ミニサイト」と「電子書籍」の相性は抜群です。

Kindle ダイレクト・パブリッシング

https://kdp.amazon.co.jp/

▶ニッチテーマ

　ミニサイトのテーマを選択する段階で"ニッチ"なものに絞り込んでいると思いますが、サイトで競合が少ないジャンル・テーマは、本でも同じことが言えます。

　検索エンジンで探してもニーズを満たすサイトが見つからないのと同様に、Amazonで検索しても「これ」という本に出合えない可能性は多くあります。紙の本も電子書籍も、原稿をつくるまでの過程は一緒ですが、そこから先、編集・印刷・書店への配本の段階に移った時、紙の書籍というものはコストもかかるため、ある程度のボリュームの売上が見込めなければ、出版は難しいのが現状です。それでも出版したいというニーズをすくい取れるのは、やはり電子書籍でしょう。

▶コンパクト＆低価格

　少ないボリューム・低価格の書籍が出版できるのも、電子書籍ならではのメリットです。個人がKDPを利用して出版する書籍の中には、小ボリューム・低価格の作品も多くあります。例えば紙の本に換算して100ページ以内、最低金額の99円などです。これもミニサイトと同じで、テーマによっては実はそのくらいのボリュームで十分ということも多くあります。むしろ完読するために数時間かかる紙の本よりも、必要なことをコンパクトにまとめてくれている100ページ以内の電子書籍が求められているケースもあるはずです。

ミニサイトで初級編、応用編を電子書籍化

　例えば、つくったミニサイトの内容がそのテーマの初級・基本編の内容である場合、さらにもっと知りたいという人のための上級・応用編を電子書籍にしてみるというのもいいでしょう。テーマもコンテンツも絞り込んだ結果、削らざるを得なかった要素がきっとあったと思います。ミニサイトを訪れるであろう人の大半にとっては別に必要で

はないけれど、そのうちの1〜2割の人は読みたいと思っているかもしれないような内容を電子書籍にして、低価格で販売するという方法があるでしょう。

ノウハウものは電子書籍にしやすい

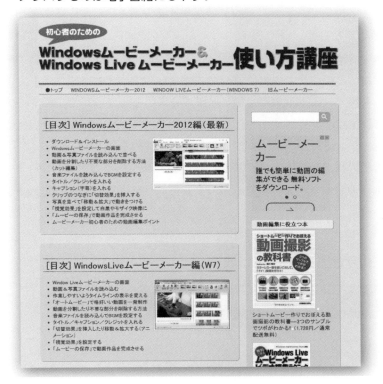

　例えばこの『Windowsムービーメーカー使い方講座』は、初心者向けに最低限必要と思われる12本の記事で構成されています。ソフトウェアの基本的な使い方はこれで理解できますが、おそらくこのサイトを見にやってきた訪問者は、「結婚式の二次会用のムービー作成方法」「旅行の動画を編集したい」「田舎の両親に子どもの成長記録を送りたい」「YouTubeに観光ムービーを公開したい」「商品紹介レビュー動

画をつくりたい」など、具体的な用途がきっとあるはずです。もちろん、それをミニサイトに「実践編」として盛り込んでもいいのですが、マネタイズを考えるなら電子書籍にして有料販売するという選択肢もあります。

あるいは、ミニサイトの内容そのものを編集して、1冊の本にまとめるのもいいでしょう。実際、ビジネス誌を多く出しているある出版社では、WEBサイトに連載された記事を再編集して電子書籍にして出版するということをよく行なっています。「インターネット上で無料で読める記事をわざわざ買う必要はないのでは？」と思う人もいるかもしれませんが、実際に購入してみると、しっかり章立てになっていて、文字のサイズ変更や、しおり機能などもついた電子書籍のほうが読みやすさは格段に上です。飛行機内や海外など、インターネット未接続の状況で読めるメリットもあります。

私は『キューバ旅行情報館』のコンテンツを丸ごとKindle化しました。

『キューバ旅行情報館』のKindle

Kindle化した理由は2つあります。ひとつは自分自身の好みで、旅行ガイド情報は、冒頭から最終章までを一方向で読み通せる書籍のフォーマットのほうがしっかり読めるからです。サイトだとどうしても"つまみ読み"になってしまい、必要度が高いものだけ読んでしまう傾向があります。

　もうひとつはキューバのインターネット事情です。2016年6月時点でも、まだキューバは米国の経済制裁の影響でインターネット環境が遅れており、外国人旅行者も限られた場所以外ではインターネットに接続することができません。また、日本からキューバに行くためには太平洋を横断する必要があり、長時間の機内滞在を強いられます。そのため、オフラインでも読めるガイドブックはニーズがあると、自分自身の体験から感じました。幸いにもキューバ旅行ブームの波もあり、この電子書籍は少部数ずつではありますが、コンスタントに売れ続けています。

▶ 原稿作成はWord（ワード）からでもOK

　「Kindle ダイレクト・パブリッシング」のヘルプには、原稿の作成方法から販売プロモーションまでがくわしく解説されています。Kindle ダイレクト・パブリッシングのロイヤリティは基本70％。例えば本を1,000円に値付けすると、700円が著者の収入となります。一般的な書籍の印税は8〜10％前後です。IT系の本なら6〜8％も多いですし、12％を超えることはほとんどないようです。そう考えると、この70％はなかなか高い割合と言えます。

　ただし、ロイヤリティ70％には条件があります。Amazon Kindle以外では販売しないこと（Kindle独占販売）、希望小売価格が250円〜1,250円であることなどです。他にもいくつか条件があるので、公式サイトで確認してみてください。

　原稿ファイルのつくり方はいろいろですが、いちばん簡単なのはMicrosoft Word（ワード）で原稿を作成し、それを管理画面でアッ

プロードして電子書籍用のフォーマットに変換する方法です。他に電子書籍用の原稿を作成する専門のソフトウェアもありますし、HTMLで作成することもできます。初回は多少苦労すると思いますが、思っているほどは難しくないはずです。

　一度ミニサイトコンテンツを電子書籍化すると、意識も変わります。私自身、2016年２月に『キューバ旅行情報館』のコンテンツをKindle出版したのが初めてでしたが、今は他の既存ミニサイトの電子書籍化も目論んでいますし、おそらく今後企画するミニサイトは、最初から電子書籍との連携が大前提になると思っています。

最新トレンド　有料コンテンツ＆サロンビジネス

　長い間「無料」が大前提だったインターネット上に、2015年から"コンテンツ有料化"のトレンドが起き始めています。と言っても、まだ始まって間もなく、この後どうなるのか、著名人など以外でも成功する人が出てくるのかなど不透明な部分も多いので、まずはウォッチ対象として知っておく程度でいいかなと感じています。

　有料化のひとつは有料コンテンツ販売、もうひとつは有料サロンビジネスです。

　インターネット上でコンテンツを有料販売する仕組みは、以前からありました。いわゆる「情報商材」です。ノウハウものが圧倒的に多く、本にはなかなかならないニッチなテーマのものが有料販売されていて、それはそれでニーズはあるのですが、同時に大きな社会問題にもなっています。というのも、「絶対に稼げる」など詐欺的要素も多分に含んだタイトルでノウハウを販売するものが横行し、内容も非常に怪しいものや、違法行為ぎりぎり、あるいは違法行為を推奨するものもあるからです。その販促には高額の成果報酬システムが使われていることから、情報商材を紹介して報酬を得ようとする人たちによる、

スパム行為や詐欺まがいの行動も目立つようになりました。

新しい有料コンテンツは、そうした情報商材のような販促手法は取っておらず、金額も少額で気軽に買えるものが多いのも特徴です。

「コンテンツプラットフォーム」「オンラインサロン」などと呼ばれるものがいくつか立ち上がっていますが、火付け役のひとつになったのは「note（ノート）」でしょう。

note

https://note.mu/

文章や画像、動画などを掲載でき、他の利用者と交流することもできます。ブログのようにデザインを変えたり、カスタマイズしたりということはできず、非常にシンプルなフォーマットなのですが、そこが逆に評価されている部分でもあるようです。

課金が可能なため、小説を書いて販売したり、人気ブロガーが一部コンテンツをコアなファン向けに有料化したりするといった動きもあ

ります。途中までは無料で読め、そこから先は有料という設定もできます。それらが比較的少額で販売がされているので、買い手側にとってもリスクは少なく、クリエイターへの寄付感覚で利用できているようです。イラストなどを販売している人もいます。

Synapse

https://synapse.am/

　有料オンラインサロンは、現時点では主に、もともとファンを抱えている著名人、例えばタレントだったり、有名ブロガーが始めたりしたものが盛り上がっています。プラットフォームとしてメジャーなものは「Synapse（シナプス）」で、著名な文化人の他、恋愛から起業、ファッション関連など、さまざまなサロンが開設されています。ある程度の知名度がなければ集客は難しいでしょうし、ミニサイトとのシナジー効果はあまりないかもしれませんが、将来的な可能性のひとつとして、こういう収益化があるということは知っておくといいでしょう。

長期スパンで"新たな軸"を築く

　ミニサイトを通じて「そのジャンルにくわしい人」として認知されれば、雑誌やテレビ、ラジオなどからの取材を受けることもあります。取材自体は謝礼があったりなかったりする程度で、収益になることはありませんが、そこからの展開で、雑誌やWEBメディアなどから記事執筆の仕事を依頼されることもあったりします。

　企業のオウンドメディアや"まとめサイト"ニーズなどもあり、WEBライターの需要が高まっていますが、驚くほど安い単価で仕事のオファーがなされているのが現状です。ただ、専門領域があり、実績がある人は別です。そのテーマに関連したミニサイトを運営していれば、それは専門領域の証でもあり、かつライターとしての大きな実績ともなるでしょう。ライター以外にも、例えば企業から外部アドバイザー、あるいはコンサルティングの仕事を頼まれたり、新商品のPR協力を依頼されたりという人もいます。

　もちろん、どれも「結果として」生まれてくるものではありますが、ミニサイトで終わらず、そのつくり手である運営者にも興味や関心を持ってもらえるようにするためには、運営者プロフィールページをしっかりつくることや、信頼されるコンテンツづくりを心がけるといったことも必要です。SNSで継続的な情報発信を続けたり、Facebookなどでコミュニティを運営したりする方法もきっと有効でしょう。

　直近、あるいは1〜2年目に収益につながることだけがマネタイズではありません。もっと長期スパンで考えれば、可能性は広がります。不確実性の大きなこの時代、今やっている仕事以外にも自力で収入を得る第二の"軸"をつくっておくことで、将来に対する不安も少しは払拭されるはずです。でもその軸は、促成栽培したら細いまま。もう少し長い目で考え、「今新たな得意分野を作ることが将来の自分の"軸"となる」と考えて取り組んでみることも大切です。

「なかなか収入につながらない」と嘆く前に

まずは良質なコンテンツづくりに注力する「コンテンツ・ファースト」

「人のいない場所で商売をやってもムダ」

この言葉はミニサイトにも当てはまります。ミニサイトを立ち上げると同時に、マネタイズのための作業に突入する人がいます。記事冒頭に大きなGoogle AdSense広告を張りつけ、サイドバーにも目立つところにアフィリエイトのバナーをべたべたと並べる。そして、本来サイトの入口であるべきトップページのファーストビュー（スクロールしなくても見える上部エリア）も広告だらけにしてしまうといった行為です。

それがダメとは言いません。ただ「ムダ」だと思います。そしてただムダなだけならいいのですが、コンテンツも中途半端な段階でべたべた張りつけられた広告の存在はきっと、訪問者にとって「ジャマ」なのではないでしょうか。

それに気づかず、「なかなか収入につながらない」と、さらに広告を増量し「ジャマ」度をアップしているという悪循環に陥っているサイトも見かけます。

限られたアクセス数では広告クリックも商品購入もされない

テーマを絞ったミニサイトなので、アクセス数も限られます。それでもニッチテーマゆえの強みがあるのは先に書いたとおりです。

しかしながら、1日数十ページビューで「なかなか収入につながらない」と嘆く前に、ちょっと計算をしてみてください。ここからは仮の数字で見ていきましょう。

▶数字その1　1日80ページビュー

　ミニサイトを立ち上げた当初は、自分だけのアクセス数。それでもしばらくすると検索エンジン経由でちょろちょろ人が来るようになり、遂にデイリー3桁台も目前の1日80ページビューに！　でも、ここで注意が必要です。80ページビューは80人ではありません。ユニークユーザ1人当たりの平均閲覧ページ数はどのくらいでしょうか。立ち上げ直後で完全に初訪問のユーザばかりゆえ、いろいろなページを見ている人が多い可能性があります。1人当たりの閲覧ページ数の多さは「ちゃんとサイト内を回遊して見てくれている」という証でもありますが、そもそも母数が少ない中では、実は誰か数人が大量に見て回っている可能性もあります。また、導線が今ひとつなため、目的のページに辿り着けずにさまよっているだけという可能性もあります。

▶数字その2　ユニークユーザ数は1日32人

　アクセス解析を見たところ、1人あたりの閲覧ページ数は2.5ページで、訪問者の数は1日32人ということが判明しました。あらま、思ったより少なかったか……。でも、1日32人なら1か月で1,000人近く。それだけの人が来てるのにGoogle AdSenseの収入は雀の涙程度、アフィリエイト収入なんてゼロ……。なんで？　ほんとに？

　でも、少し自身の体験を振り返ってみてください。きっと毎日多くのサイトやブログを訪れて、たくさんのページを開いていることと思います。そこにはGoogle AdSense広告や、他の広告もたくさん埋め込まれていたことでしょう。例えば100ページくらい閲覧した中で、何回その広告をクリックしたでしょう。個人のブログでは、記事内にAmazonの商品リンクなどがあったかもしれません。レビューを読ん

でなかなかいい商品だなと思ったこともあったかもしれません。でも、実際にリンクから飛んだ先のオンラインショップで買い物をしましたか？

そう考えると、月1,000人の訪問者という数でほとんど収入につながらないのは、おかしなことではないのです。

▶数字その3　広告のクリック率が１％

せっかくなので、もう少し数字で見ていきましょう。Google AdSenseやアフィリエイトを開始すると、オンラインレポートで細かな数字を見ることができるようになります。これはアクセス解析同様、目では見ることができない訪問者の動きや、ニーズを推し量る貴重なデータにもなります。その数字からわかることがあります。実は広告のクリック率も、コンバージョン率（この場合は商品購入・サービス申込などに至る率）も非常に低いのです。

まず、Google AdSenseを考えてみましょう。仮にGoogle AdSenseの広告が１ページに１つある中で、どれかがクリックされる率が１％としましょう。サイトによってクリック率は大きく変わりますが、おそらくこの数字は平均から見たらちょっと高めかなと思われる程度のものです。

だとすれば、１日80ページビューの中で、１回クリックされるかどうかでしょう。１か月2,400ページビューでは、24回のクリックです。仮にクリック単価が25円とすると600円となります。このクリック単価もジャンル・キーワードによって大きく変わりますが、極端に高いわけでも低いわけでもない数字だと思います。

▶数字その4　アフィリエイトのコンバージョン率は？

一方、アフィリエイトについては「平均的な係数」を算出することが困難です。特定商品を紹介する記事内での商品リンクと、時事ニュースについて書いた記事のいちばん最後に、関連性のありそうな本の

商品リンクをさらっと張りつけた場合では、そのクリック率は数十倍の差が出るはずです。また、そうした記事内の商品リンクと、サイドバーに張りつけたバナーのクリック率の差も非常に大きいものがあります（アフィリエイトにいい印象を持たない読者も多いため、テキスト広告のほうがクリック率は高くなる傾向があると言われています）。

　実際にアフィリエイトを始めてみれば、オンラインレポートで一目瞭然となりますが、ここではサイト全体のアクセス数の1割がアフィリエイトを活用した商品レビュー記事で、そのページ内の商品リンクのクリック率が10％、コンバージョン率が3％と仮定するとどうなるでしょう。

　商品レビュー記事のアクセスが1か月240ページビューとなり、クリックが24回、そして購入に至るのは……1回未満です。仮にこれが1回だったとして、その際の購入金額が5,000円でアフィリエイト報酬が2％だとすると、報酬金額は100円です。

　誤解しないでください。ミニサイトでは稼げないと言っているのではありません。言いたいのはこういうことです。

- アクセス数が少ないうちは、マネタイズに注力しても大した収入にはならない
- わずか月数百円の収入のために広告だらけにするより、アクセス数が伸びるまで待つ
- クリック率・コンバージョン率などの係数をしっかり認識する

ミニサイトを立ち上げた後は"熟成期間"

　厳しいことを書きましたが、安心してください。競合がないニッチな絞り込まれたテーマで、役立つ良質なコンテンツのサイトがつくられていれば、立ち上げてすぐはアクセス数が少なかったとしても、いずれ検索エンジンで上位に浮上し、ニーズを抱えた人が訪れるサイト

に育っていきます。ただ、ちょっと時間がかかります。それまでの間は「熟成期間」とみなし、マネタイズはいったん忘れ、アクセス解析も見ず、しばらく放置しておくくらいがいいと思います。

　私はミニサイトの完成後、あえてしばらくの間、アクセス解析は見ないことにしています。つくったばかりのミニサイトは愛おしく、それがどう育っていくか気になってしまいますし、なかなかアクセス数が伸びなければやきもきしたり、余計なことをしてしまいたくなったりもします。ただ、経験から"時間の問題"であることも理解しています。そのため、あえてアクセス推移は無視するのです。

　数か月から半年くらいした後に見て、どういったキーワードで人が来ているのかなどを確認し、そろそろいいかなと思えばGoogle AdSenseを導入したり、楽天やAmazonのアフィリエイトリンクを埋め込んだりしていきます。

アフィリエイト一切なしでサイトを構築してみる

　半年くらい経ってからGoogle AdSense広告やアフィリエイトリンクを埋め込むという話をすると、「アフィリエイトなしでのサイトづくり？」と驚かれることもあります。自分自身も長らくアフィリエイトに取り組んできた、いわゆるアフィリエイターなので理解できるのですが、サイト構築の大前提にアフィリエイトがきてしまっている人は多く、これらを一切絡めないサイトづくりに戸惑いを覚える人が多いのです。

　もちろん、アフィリエイトを中心に据えたサイト構築が悪いと言っているわけではありません。アフィリエイトはサイトづくりの大きなモチベーションとなりますし、そこから良質なコンテンツが生まれていることもたしかです。ただ収入を得ることにとらわれすぎて、サイト構築・運営の目的のメインが「アフィリエイトで成果を上げること」になってしまうと、ミニサイトのテーマ選びでも、その後のコンテン

ツ設計でも、アフィリエイトに結びつかないものをすべて排除してしまいがちになります。

「収入は後からついてくる」

　アフィリエイトで成果が上がっていない人は、いったんそう考えることで、アフィリエイト一切なしでミニサイトを構築してみてはいかがでしょうか。訪問者にとって役立つミニサイトをつくること――それに注力していけば、収入は後からついてくるものです。もちろん、1つだけではうまくいかないかもしれません。そのため、ミニサイトづくり・運営にも慣れてきたら、2つ目3つ目のミニサイトも企画してみてください。ジャンルの違ういくつものミニサイトを手がければスキルも上がっていきますし、試行錯誤の連続の中から成功法則も見えてくるようになります。

Column 4

ミニサイト実践者による座談会パート②

● オーソリティサイトを目指す

和田 a-kiさん運営のギター講座サイトは、更新をほとんどしなくても長期に渡って大きなアクセス数を維持しています。Q＆ＡサイトやTwitterでもよく、「ここを見れば答えが見つかるよ」と紹介リンクが張られ、教科書・辞書的な「オーソリティ（権威）サイト」になっていますね。そのように育成させるポイントは何でしょうか？

a-ki やはり「信頼できる情報を数多く発信していること」です。その情報を分類整理して、ユーザがいつでも必要な情報を取り出しやすくしないといけないんです。**時間が経ってもその価値が低減しない「ストック情報」が不可欠となります**。例えば「ギターの弾き方」はまさにそうで、時間が経っても変わるものではありません。運営者自身をオーソリティ化することが目的ならブログだけでもいいのですが、サイト自体をオーソリティ化する場合には、情報が主役の「情報サイト」が近道です。

のんくら 同感です。**ブログは書き手のファンを集める、サイトは情報の信頼性を求める人を集めるという感じです**。だから僕のサイトには面白い文章はいりません。

和田 サイト運営者としての「個」で勝負するわけではないと。

ayan　そこは男性と女性の違いも少しあるのかなと。もちろん個人差も大きいので単純に性差という線引きはできないのですが、かっちり情報を網羅した情報サイトをつくるのが得意な人は男性に多く、女性の場合、管理人の「個」も打ち出した感情に訴えるコンテンツづくりに長けた人が多いように感じます。男性的な情報サイトを手本にしすぎると、必要以上に「個」を打ち消したサイトになってしまうのですが、無理にそうしなくても、自分自身の「個」も活かして、読み手のワクワク感を引き出せる情報サイトはつくれるのかなと感じています。

●テーマの絞り込みとナビゲーション

和田　ミニサイトの場合、テーマを絞ることがオーソリティ化の近道にもなりますよね。

a-ki　はい、でもテーマの絞り込みだけでは不十分で、さらに独自の切り口を持つことが必要です。**テーマの絞り込みが縦軸なら、切り口・独自の視点が横軸。この両方をどう組み合わせるかが重要です。**

和田　具体的につくり込んでいく段階で、重視しているのはどのあたりですか？

a-ki　僕はナビゲーションです。特にトップページから目的のページに行けるかどうか。ここはブログに決定的に欠けている点です。

のんくら　ナビゲーションに関しては、本当はブログでも同じことができるんだと思います。トップページに、サイト内部のリンク集的なコーナーをつくれば済む話でしょう。ただ、決まったテンプレートをそのまま使ってしまっている人がほとんどだなと思います。

ayan　ブロガーの場合、そもそも「ユーザに目的コンテンツに迷わず行ってもらうこと」を重視してない気もしますね。むしろ、ブロガーが読んでほしい記事に、ユーザを誘導することを考えているような気がします。そういう点で、ブログはやはり「書き手主体」なのかなと。

和田　ナビゲーションで大事なポイントはどのあたりですか？

のんくら　「3クリックルール」を守るということですかね。

a-ki　昔、サイト制作の基本として、**「必ず3クリック以内で目的ページに辿り着けるようにする」**とよく言われてました。少なくともトップページに戻れば目的ページに辿り着けるようにしないといけません。

●今後取り組んでみたいこと

和田　今後取り組んでみたい新しい挑戦は何かありますか？

a-ki　新たにミニサイトをつくることはあまり考えていませんが、ギターサイトのコンテンツ一つひとつをミニサイトとして独立させ、サイト全体をポータルサイト化する方向で考えています。

ayan　1年に1〜2つずつ完成させて、手を離せるミニサイトをつくって増やしていきたいです。ストック情報を主とする、更新の手間があまりかからないミニサイト群＋フロー情報を主とする更新型ブログのハイブリッドをしていけたらいいなと思っています。

のんくら　WEB上で自分のサイトの認知度は上がっているので、そのオーソリティ化したテーマで講師をしたり、本を出版したりなどで今

後は仕事の幅を拡げていければいいなと思います。そう考えると多くの人に役立つサイトをつくることで、可能性が無限大に拡がりますよね。

◆a-ki's factory ブルースとアコギと初心者のためのギター講座

http://www.aki-f.com/

第 5 章

〈発展編〉
ミニサイトづくり職人を目指して

ミニサイトを複数つくる

複数のミニサイトを保有するメリット

　複数のブログを運営し続けるのはなかなか大変ですし、継続的に更新が必要なサイトをいくつも回し続けるのもけっこうな重荷です。ただミニサイトの場合、話は別です。**一度完成させれば、その後の定期的な更新は基本的に必要がないので、1つ完成したら次のミニサイト企画に着手し、短期決戦で完成させる。終わったらまた次の作品づくりに……ということができます。**いやむしろ、そのための「ミニサイト」とも言えるでしょう。

　この本でもいくつか事例として紹介していますが、私は複数のミニサイトを持っています。中には『東京ビアガーデン情報館』のように、「夏季限定」ゆえ毎年更新が必要となってしまったものもありますが、多くは一度つくったらもう基本的には更新は不要です。たまに内容が古くなっていないかどうかをチェックし、必要に応じて一部更新する程度で十分です。そして、今もまだ「つくってみたいミニサイトのテーマ候補」を10個以上、書き出して温めています。

　複数のミニサイトをつくり、保有するメリットは3つあります。

①つくるほどスピードアップ

　最初の1つ目より2つ目のほうが、そして3つ目、4つ目のほうが悩む部分、つまずく箇所が少なく、より短時間で効率的につくり上げることができます。もちろんテーマが変われば、そのテーマ特有の新

たな課題も生まれてくるでしょう。しかしながら、初心者にとってのミニサイトづくりでは、どのサービスやツールを利用するか、トップページ構成をどうするかなど、制作作業に共通する課題のほうが多いはずです。初回遭遇時にいろいろ調べ、試行錯誤して解決への道を見つけることができれば、次からは同じ場所で迷子になることはないでしょう。

　最初のミニサイトを完成させ、ほっと一息ついたら、記憶が鮮明なうちにセカンドミッションに取りかかってみてください。たった一度の経験は、時間とともに記憶から消え去ってしまいます。でも、二度やるとかなり脳に刻まれるはず。そして3回繰り返すと、きっと頭で考えなくても手足が自動的に動く感覚を体験できるかもしれません。
　もちろん、ルーティン化していい部分とそうでない部分があります。慣れてしまうことの弊害もあるでしょう。ただ、初期設定やつくり込みなど、「作業」部分をある程度パターン化し効率化すれば、それによってより多くの時間とマンパワーを、テーマ選定や企画立案など、頭を使うべき部分に投入することができます。

②成功法則を転用・応用できる

　実際の経験からしか得られない知識というものは、ミニサイトづくりでもたくさんあります。例えば、アクセス解析のキーワードを見て、「そうか、人はこういうキーワードの組み合わせでこの情報を探すのか」と気づかされたり、想定していなかったところで、コンテンツがバズって（口コミで大きな話題になること）、それがきっかけで多くの人が訪れるようになるなどが挙げられます。
　ただ、それもサイトが1つでは、そのサイト上で発生することからしか学ぶことができません。ところが、**2つ3つとあれば、その経験値は増えますし、違った領域ならではの多角的な知識と経験が得られ**

ます。旅行関連には旅行関連の、生活ノウハウものには生活ノウハウものならではの成功法則もあるでしょう。それを他ジャンルのミニサイトづくりにも転用・応用する試みから、また新たな「成功のポイント」がつかめるかもしれません。

③ポートフォリオ化してリスク管理

　ブログ運営で生計を立てる「プロブロガー」が増えているそうです。ミニサイトでも、もちろんGoogle AdSenseやアフィリエイト、その他の収入を得ることができます。生計をまかなえるくらいの規模を目指す人もいると思いますが、とりわけそんな場合には「複数運営」を目指していきましょう。

　サイト運営による収入は、常に不安定なものです。たとえ今、検索結果トップで日々多くの訪問者が訪れていたとしても、それが来月も来年もずっと続くわけではありません。長期に渡って不動のニーズがあるテーマもありますが、トレンド次第では検索する人自体が急激に減ってしまうこともあります。何らかのトラブルで、サイト自体が閉鎖に追い込まれることもありえます。

　そんな時、「1つだけ」のミニサイトに依存するのではなく、**複数のミニサイトを同時に展開していれば、たとえどれかがダメになっても残りが支えてくれます**。ジャンルもターゲットも異なる複数のミニサイトを運営していれば、トレンド変化によるインパクトは小さく抑えられます。

　運営するミニサイトの数が増えてきたら、一度一つひとつのサイトを「資産」とみなし、ポートフォリオとしてそのバランスや安定性、リスクなどを検証してみるのも面白いかもしれません。

アクセス解析
「Googleアナリティクス」

サイト運営の次の一手を探るための戦略ツール

　個人でも利用できる本格的で高性能なアクセス解析といえば、「Googleアナリティクス」です。企業でもこれを自社サイトの運営の要ツールとしているところは多くあります。これは大規模なサイトでも使えますし、複数のサイトを登録して利用することもできます。無料なので、ミニサイトでも使わないという手はないでしょう。

　利用のための作業は早ければ10分ほど、長くても1時間以内でできてしまいます。まずGoogleアナリティクスのアカウント作成を行ない、管理画面から「トラッキングコード」を取得しましょう（ちなみに「トラッキング」とは「追跡」という意味です）。

　そのトラッキングコードを、ミニサイトの全ページのHTML内に埋め込むことで、誰かがサイト内のページを開くと、その情報がGoogleアナリティクスに送信され、後でグラフや数値などでアクセス動向を把握することができるようになります。

　「全ページに埋め込む」というと大変な作業に感じるかもしれませんが、実際はブログシステムを使っている場合には、いくつかのテンプレートを編集してトラッキングコードを挿入しておけば自動的に全ページ内に埋め込まれますし、WordPressを使う場合にはプラグインでより簡単に設置することもできます。

　「Googleアナリティクス」＋「WordPress（あるいはご利用のブロ

グサービス名)」+「設置」など、キーワードを組み合わせて検索すれば、初心者向けの方法を解説した記事がたくさんヒットするので、それらをいくつか見比べて参考にしてください。

　アクセス解析は、「結果としてのページビュー数を確認する」ためだけのツールではありません。目には見えない訪問者の動きやニーズを探り、サイト運営の次の一手を探るための戦略ツールです。とりわけ絞り込んだテーマでつくったミニサイトでは、企画段階で立てたさまざまな仮説が妥当だったかどうかを検証し、また自分が気づいていなかったユーザニーズを探るためにも欠かせません。
　この節では、Googlアナリティクスを使うために知っておきたい3つのポイントを簡単に説明していきます。

①検索キーワード

　まずは検索キーワードです。どういったキーワードで人がやって来ているのかを見ていきましょう。アクセス解析データは、自分のサイトに辿り着いた人のものだけなので、この検索キーワードも基本的には自分のサイトが上位に表れているもの中心です。残念ながらそれ以外の検索キーワードはありません。ただ、順番に見ていくと「こんなキーワードの組み合わせで情報を探す人もいるのか」という発見があるはずです。
　また、そこそこの数でやってきているにも関わらず、自分のサイト上にはその関連キーワードで訪れた人のニーズを満たすコンテンツがない場合もあるでしょう。例えば、「キューバ　ビザ　日数」という検索キーワードでのアクセスが増えているのに、それでヒットする自分のサイトのコンテンツを見ると、「日数もかかるので早めに申請したほうがオススメ」といったことしか書いていなかったとしたら、それは訪問者にとってがっかりな結果です。実際にかかった日数、他の

人の体験談記事などから推察される平均日数、そして大使館に問い合わせして聞いてみた結果なども載せれば、訪問者は知りたかったことがわかって満足し、そのまま継続して他のページのコンテンツも巡回してくれる可能性は高まります（それがなければ、検索結果にとんぼ返りして他のサイトを探すことになります）。

②ランディングページ

　次にランディングページです。これは管理画面の「行動＞行動フロー」で見ることができます。検索エンジンなどからやってきた人が最初に開くページ＝ランディングページは、必ずしもトップページではありません。むしろ、他ページに着地する数のほうが圧倒的に多いのが一般的です。特定ページに着地した人がその後サイト内でどう動いていくか、そのあたりを把握できるようになっているので、必要であればページ内の他ページリンクを目立たせるなどしてもいいでしょう。

　モバイル対応をしている場合、パソコン版とスマホ版では見え方も変わってくるはずです。他ページリンクは、パソコン版だけでなく、スマホ版でも必ず確認するようにしましょう。

③曜日や時間帯でのピーク、年間アクセス推移のトレンド

　こちらも要チェックです。ブログのように「多くの人が見に来る直前に記事をアップ」というようなことは、継続投稿を前提としていないミニサイトではありません。ただ、どの曜日のどの時間帯に波がやって来ているかを見ると、どういうシチュエーションで何を探している人が多く訪れているのか、推察が可能になるはずです。また、年間推移についても、盛り上がっている時期にどのコンテンツが見られているのか、どんな検索キーワードで人が来ているのかを検証すれば、季節・時期に特有のニーズも拾えるはずです。

✦　✦　✦

　アクセス解析をじっと眺め、いろいろな仮説を立てていくと、そこから新たなミニサイトのテーマ案が生まれてくることもあります。無料ブログサービスの管理画面にも、日別ページビューなどを見ることができる機能はついていますが、Googleアナリティクスはユーザ環境、ユーザ属性、リピーター率など、さまざまなデータが取得できます。初期作業が多少面倒に感じても、なるべく早めに導入しましょう。
　一方、こうしたアクセス解析の活用は、ある程度のアクセス数になってからでないと、母数が少なすぎで意味がありませんし、精度の低いデータに踊らされてしまうため非効率的です。見ると気になってしまうという人は、導入だけは早めにしておきつつ、数か月から半年は、たまにちらっと見る程度にしたほうがいいかもしれません。

パソコンでつくってスマホで確認

主なターゲットはスマホユーザ

　スマホからのアクセスは、多くのサイトでパソコンからのアクセスを超えており、今もその比率は上昇しています。みなさんの中でも、スマホからのインターネット利用の時間のほうが多いという人、けっこういるのではないでしょうか。

　ところが不思議なことに、**自分がつくったサイトやブログはパソコンでしか見ていないというケースが多い**のです。これは初期設定やカスタマイズ、記事作成などを基本的にパソコンで行なっているため、その流れでサイトや記事をパソコン画面上で確認し、スマホでは見ずに終わってしまうからです。でも、それだと実はユーザの7割以上を占めている可能性があるスマホ版で、「リンク漏れなどのミス」「不便さ・読みにくさ」が発生してしまっている可能性があります。

　例えば新しい特集を立ち上げたので、トップページの目立つ場所からその特集へのリンクを張ったとします。ところが、スマホ版ではそもそもそのリンクが表示されておらず、何週間にも渡ってスマホ版からのアクセスがゼロになってしまった……といったミスを私も何度か経験しています。また、スマホ画面で読むにはあまりに文章が長すぎるということもあるでしょう。あるいは、数字データを表組みにして掲載したけれど、実はスマホ版だと横幅の関係で表示が大幅に乱れる……といったケースもよく見かけます。

パソコン版の見え方よりもスマホ版の見え方を重視

　サイトのつくり込みや記事作成時には、パソコンのすぐ横にスマホを置き、確認はむしろ「スマホメインで行なう」くらいにしてもいいかもしれません。また、通勤途中や時間を潰す必要がある時、他にやることがなければ、なるべく自分のサイトをスマホで開き、一ユーザとして使ってみる習慣をつけましょう。

　無料ブログサービスやWordPressでテンプレート・テーマを選択する場合にも、必ずスマホ版がどうなっているかをしっかり確認し、**むしろパソコン版の見え方よりもスマホ版の見え方を重視して決めるべきです。**

　スマホでどう見えるかを、パソコン上で確認することもできます。手軽に利用できるのがブラウザ「Google Chrome」の「デベロッパーツール」です。「Chrome　デベロッパーツール」で検索すれば使い方などはすぐに見つかります。これの便利な点は、「Galaxy S5」「Nexus 6P」「iPhone 6」「iPhone 6plus」など、端末ごとの見え方を簡単に切り替えて確認できることです。自分が所有している端末以外も確認できるので、こちらも併用して使ってみるといいでしょう。

　ただし、こうしたパソコンのビューアー機能だけでの確認では不十分です。スマホで使うということは、画面と目の間の距離も近づくということですし、他ページに移動する際は、指によるタップです。記事の続きを読む時に画面を動かすのもスワイプとなり、パソコン版ではまったく問題のないGoogleマップの挿入が、実はスマホ版だと非常に使いにくさにつながることもあります。

Column 5

ミニサイトづくり実況中継

　ミニサイトづくりの具体的な進め方、イメージができたでしょうか？最後に、ひとつのミニサイトを企画し、制作するまでの具体的手順を実況中継します。

✦　✦　✦

　ある日、知人から小型卓上燻製器(くんせい)をもらい、自宅での簡単燻製づくりの楽しさにはまった私。本や情報サイトを見ながら燻製をつくり、Facebookに写真投稿したりブログ記事作成したりしたところ、「美味しそう」「私もやってみたい！」とのコメントが続々。せっかくなので、燻製道を究めるためにも、ミニサイトをつくってみるかと決意しました。

● 1日目　テーマを練る（1時間）

　最初に思いついたテーマは「小型卓上燻製器」。ここ数年、燻製がブームとなっていて、関連書籍も次々発売され専門料理店も登場。大手メーカーまでもが電気式の卓上燻製器を発売した。本格的にやるなら庭やキャンプ場など屋外になるが、多くの人、特に初心者は自宅で手軽にやりたいニーズがある。おそらく「小型卓上燻製器」が求められているはずだ。それを軸に、どういったコンテンツがあり得るのか、思いついたことを書きなぐったのがこのシート。

◆思いついたコンテンツのメモ

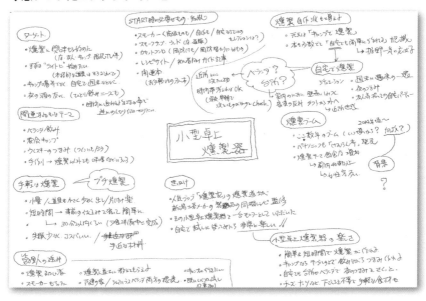

結局、当初「小型卓上燻製器」をテーマにする予定だったが、そうではなく、実際の燻製づくりまで含めた「プチ燻製」をテーマにミニサイトをつくることにした。

● 2日目　具体的にどんな内容にするかを決める（1時間）

ミニサイトのタイトルは「プチ燻製ガイド」。ターゲットは、自宅で手軽に燻製づくりがしたい燻製初心者。内容は自宅燻製づくりの基本や必要なアイテム選び、そして実際の燻製レシピだ。さらにもっとスキルアップしたい人のために、燻製キャンプ体験や関連スクール・イベントなどを紹介するコーナーも。大きく「準備編」「実践編」「応用編」の3つに分け、記事を書き出してみた。

◆「準備編」「実践編」「応用編」の３つに分け、記事を書き出す

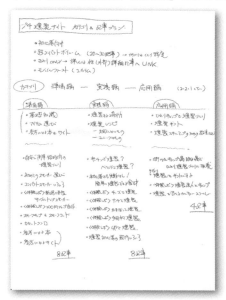

◆サイト構成案のメモ

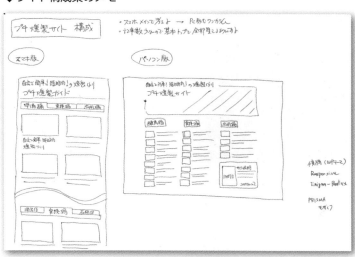

●3日目　WordPressのインストール＆初期設定（2時間）

今回はWordPressを使ってミニサイトをつくることに。レンタルサーバの簡単機能を使って、わずか1分でインストールは完了。初期設定もサイト名やサイト説明文を入れる程度で簡単だ。

でも、この先でちょっと時間がかかった。どんなデザインにするかだ。実は事前に「こんな感じのレイアウトにしたいな」というのは手書きで書いていた。大量にあるWordPressのテーマ（デザインテンプレート）の中から、それに近いものを探すのに結構手間取った。たくさんありすぎて……結局これに。

◆プチ燻製ガイド（WordPressの設定をした直後）

●4日目〜8日目　記事作成（各2時間ずつくらい）

さっそく記事作成開始だ！　第1弾としては準備編・実践編・応用編で記事を各5本ずつ、さらに「このサイトについて」を含め、計16本作

成してゴールとすることにした。すでに燻製器のレビュー記事や燻製作成体験を自分のブログに投稿しており、燻製キャンプにも2回参加してレポートしているため、写真素材は十分揃っている。記事もそれらをリライト（書き直し）すればOKなものが3分の1くらいあるので、純粋に作成しないといけない記事は10本ほど。空き時間でのスマホを使った記事下書きも含め、1日2～3本ずつ作成していくことにした。

● 9日目　記事全体をリライト（2時間）

　ひととおり記事を書き終えたところで、最初から読み直し。気をつけていたつもりなのに誤字が多いし、重複する内容や、無駄に文章が長くなり読みにくいところもあった。全体のバランスも考えながら加筆・削除・修正し、写真をもう少し追加してみた。

◆美しいフォルムの小型卓上燻製器「テーブルトップスモーカー」体験レポート

● 10日目　最後にトップページをカスタマイズ（2時間）

　WordPressのトップページにちょっと自分の好みと違う部分があったので、HTMLベースで目次だけをつくり替えた。アイコン的な写真が入るとやはり雰囲気も変わるし、パッと見でわかりやすくなる気もする。

◆プチ燻製ガイド（完成）

　そんなわけでこれで完成！
　ソーシャルメディアで報告し、自分のブログでも新ミニサイトオープンをお知らせする記事を作成。さらにサイト内で紹介させてもらった燻製関連のサイトにも、リンクさせてもらった旨などをメールした。
　もちろん、アクセスはまだ自分＋α程度。でも内容的には初心者にわかりやすいコンパクトなものになったと自負しているので、しばらくは熟成期間。検索エンジンで上位に浮上し、アクセスが伸びるのを待とう。
　サイトが育ったら、サイト上でおすすめしている関連本や、自分も愛用している燻製器がアフィリエイト経由で売れるといいな。

和田亜希子（わだ　あきこ）
1994年早稲田大学政治経済学部卒。都市銀行、検索エンジン会社勤務を経て2001年に独立。1998年からサイト運営・アフィリエイトを開始（国内初のアフィリエイト専門情報サイトを開設した第一人者）。2004年からアフィリエイト関連書籍を多数出版。主な著作に、『ネットで儲ける！　ブログでアフィリエイト』『ホームページが楽しくなる！　アフィリエイト徹底活用術』『アフィリエイト・マーケティング実践マニュアル』（以上、翔泳社）、『できる100ワザ アフィリエイト』（インプレスジャパン）などがある。「商品レビュー中心のブログ」「テーマを絞ったミニサイト」の運営を同時に進め、堅実に成果を上げる。2009年以降は自らを「ミニサイトづくり職人」と名乗り、ミニサイト制作・運営に注力。現在はミニサイトづくりをテーマとしたワークショップを開催する他、セミナー講師も務める。

ほったらかしでも月10万円！
ミニサイトをつくって儲ける法

2016年10月1日　初版発行
2019年3月1日　第5刷発行

著　者　和田亜希子　©A.Wada 2016
発行者　吉田啓二
発行所　株式会社日本実業出版社　東京都新宿区谷本村町3-29 〒162-0845
　　　　　　　　　　　　　　　　大阪市北区西天満6-8-1 〒530-0047
　　　　編集部　☎03-3268-5651
　　　　営業部　☎03-3268-5161　振替　00170-1-25349
　　　　　　　　　　　　　　　　https://www.njg.co.jp/

印刷／理想社　　製本／若林製本

この本の内容についてのお問合せは、書面かFAX（03-3268-0832）にてお願い致します。
落丁・乱丁本は、送料小社負担にて、お取り替え致します。

ISBN 978-4-534-05432-6　Printed in JAPAN

日本実業出版社の本

何を書けばいいかわからない人のための「うまく」「はやく」書ける文章術

山口拓朗
定価 本体 1400円（税別）

仕事で使う実務的な文章からインターネット上のHPや販売ページの文章、Facebookやブログの投稿記事まで、文章を「うまく」「はやく」書きたい人を救う1冊です。

ホームページの制作から運用・集客のポイントまで小さな会社のWeb担当者になったら読む本

山田案稜
定価 本体 1600円（税別）

専門知識をもたない小さな会社が「売上につながる」Webサイトをつくるための本。基本デザインからSNSの使い方、業者の選び方など現実的な施策を解説します。

ここをチェック！ネットビジネスで必ずモメる法律問題

中野秀俊
定価 本体 1700円（税別）

IT・ネットビジネスを成功させるために必要な法律知識を解説。基本的な法律問題から業界事情に対応した時事的な問題までを網羅した、業界関係者必読の1冊です。

月10万円ラクに稼げる「スマホせどり」入門

斉藤啓太
定価 本体 1400円（税別）

急成長のフリマアプリ「メルカリ」から仕入れるスマホせどりに注目が集まっています。移動中でも旅先でも、スマホ1台で商品を購入・転売して、手軽に稼げる手法を解説。

定価変更の場合はご了承ください。